小学校英語サポートBOOKS

絶対成功する！

外国語活動・外国語 5領域の言語活動&ワークアイデアブック

瀧沢広人 著

明治図書

はじめに

　新しい学習指導要領も告示され，さらに日本の英語教育が一歩前進します。小学校3・4年生で，外国語活動の授業を週に1時間。5・6年生では，外国語科としての英語を教科として週に2時間学習します。その上に立って，中学校の英語が計画されるわけですので，日本の英語教育が大きく変わることは間違いありません。その過渡期に立ち会えるなんて，なんと素晴らしいことではありませんか。

　本書を手にしている先生方は，少なくとも英語教育に前向きに携わろうとしている先生方でしょう。英語ほど楽しい教科はありません。子どもが楽しい顔で活動している姿を見ると，他の教科にない面白さが英語の授業にあることに気づくことでしょう。子どももまた，そのような楽しい授業を受けることで，先生の頑張っている姿を見ることとなります。「自ら学ぶ者のみが教える資格がある」と色々なところで言われています。今こそ，新しい教育を学び，実践を深め，子どもたちの笑顔へとつなげていきましょう。

　本書の特徴は下記になります。

- 特徴1　**授業で使えるワークシートが満載！**
- 特徴2　**授業における教師の指導言を明示！**
- 特徴3　**授業運営のポイントを提示！**
- 特徴4　**新学習指導要領に準拠！**

　しかし，本書にある活動はあくまでも例です。先生方が本書を読み，アレンジして，先生のクラス用に変えていただいて結構です。そのたたき台としてどうぞご活用ください。でも，もし，そのままやっていただけるようなら，こんなに嬉しいことはありません。

　私は中学で21年間英語を教えた後，小学校に異動しました。小学校の外国語活動に携わりたかったからです。異動してみて，小学生の強みがわかりました。それは，「飽きずにやる」ということです。また，1週間前にやった授業を本当によく「覚えている」ことでした。それにはやはり，話したり，聞いたり，立ったり，動いたり，それこそ体験的に学んでいる成果だと思っています。また，細かい文法を「気にしない」ということもあります。ステレオゲームをやっているとき，He likes apples. となぜ s がつくか知らずに，三人称単数の likes を使います。文字を見せずに行う小学校外国活動の良さがここにあるのでしょう。中学のように文字を見せたら，「先生！　なんで s がついているの？」と気づいてしまうでしょう。中学での経験から，「小学生すごい！」と何度も思いました。

　さて，本書はあくまでも参考書。ぜひ，先生方の良さを生かし，たくさんたくさん，色々な著書から学んでください。また，学習指導要領からも学んでください。そして，授業実践の成果をぜひ周りに広めてください。共に頑張りましょう！

平成29年10月

瀧沢広人

Contents

はじめに …………………………………………………………………………… 002

Chapter 1 小学校英語の授業が必ず成功する 基礎・基本の鉄板スキル

1 これだけは押さえたい！英語の基本ゲーム5 ……………………… 006

2 必ず盛り上がる！知っておきたい英語ゲーム10 ………………… 007

3 "慣れ親しみ" からはじめよう！ ……………………………………… 008

4 体験的に教えよう！ …………………………………………………… 009

5 文字指導で工夫しよう！ ……………………………………………… 010

6 "三種の神器" を押さえよう！ ……………………………………… 011

7 文化の違いを指導しよう！ …………………………………………… 012

8 第二言語習得理論を押さえよう！ …………………………………… 013

9 振り返りカードで評価をしよう！ …………………………………… 014

10 日本式発音から脱却しよう！ ………………………………………… 015

Chapter 2 外国語活動が盛り上がる 言語活動アイデア・３年編

1 世界の様々な言語で挨拶しよう　こんにちは！ …………【話すこと[やり取り]】016

2 自分の名前を相手に上手に伝えよう …………………………【話すこと[やり取り]】018

3 １日の色々な挨拶を学ぼう！ ………………………………【話すこと[やり取り]】020

4 え？英語と日本語では発音が違うの？ …………………………【知識・技能】022

5 好みを伝え合おう！ …………………………………………【話すこと[やり取り]】024

6 ヤッター！誕生日はこれがほしい！ ………………………【話すこと[やり取り]】026

7 アルファベットはこんなふうにできたんだ！ …………………【知識・技能】028

8 身の回りのアルファベット大文字を探そう！ …………………【知識・技能】030

9 自分の名前をイニシャルで言ってみよう！ ………………【話すこと[やり取り]】032

10 ３ヒントクイズに答えよう！ …………………………………………【聞くこと】034

11 え？これ！英語じゃないの？ …………………【知識・技能】【話すこと[やり取り]】036

12 ３つのステップで What's this? クイズ！ ………………【話すこと[やり取り]】038

13 英語劇① Three Billy Goats Gruff and the Troll ·············· 【話すこと[発表]】040

14 英語劇② Three Billy Goats Gruff and the Troll ·············· 【話すこと[発表]】042

15 英語劇③ Three Billy Goats Gruff and the Troll ·············· 【話すこと[発表]】044

Chapter 3 | 外国語活動に熱中する 言語活動アイデア・4年編

1 天気・気候の英語表現！ ·············· 【知識・技能】【話すこと[やり取り]】046

2 遊びに誘おう！ ～これは何の遊び？～ ·············· 【知識・技能】048

3 ジェスチャーゲーム！ ～何しているのかな？～ 【知識・技能】【話すこと[やり取り]】050

4 文房具一覧！ ～英語で言ってみよう～ ·············· 【知識・技能】【話すこと[やり取り]】052

5 英語ゲーム ～持っているものを当てたら勝ち～ ·············· 【話すこと[やり取り]】054

6 Who am I クイズ！ ～英語でクイズを出そう～ ·············· 【話すこと[やり取り]】056

7 アルファベットの小文字はこんなふうにできたんだ！ ·············· 【知識・技能】058

8 身の回りのアルファベット小文字を探そう！ ·············· 【知識・技能】060

9 小文字パズル！ ·············· 【知識・技能】062

10 教科名でビンゴゲーム ·············· 【話すこと[やり取り]】064

11 学校内の色々な場所！変形ビンゴで ·············· 【話すこと[やり取り]】066

12 学校内を案内しよう ·············· 【話すこと[やり取り]】068

13 1日の様子を表す英単語 de カルタゲーム ·············· 【知識・技能】070

14 何時に何する？ ·············· 【聞くこと】【話すこと[やり取り]】072

15 自分の1日を英語で紹介しよう！ ·············· 【聞くこと】【話すこと[発表]】074

Chapter 4 | 外国語授業で使える 言語活動アイデア・5年編

1 月名を覚えよう！ ·············· 【知識・技能】076

2 友達の誕生日とほしいものを尋ねよう！ ·············· 【話すこと[やり取り]】078

3 アルファベットを書いてみよう ·············· 【書くこと】080

4 できること・できないこと！ ·············· 【聞くこと】【話すこと[やり取り]】082

5 できること BINGO! ·············· 【知識・技能】【話すこと[やり取り]】084

6 友達紹介！ ……………………………………………………【話すこと[発表]】086

7 アルファベットには別の音があるの？ ……………………………………【知識・技能】088

8 私の男の子はどこ？ ……………………………………………………………【知識・技能】090

9 町を案内しよう！ ………………………………………………【話すこと[やり取り]】092

10 食べ物や飲み物の名前　〜英語ではこう言うの？〜 ……………………【知識・技能】094

11 いくらですか？ …………………………………………………【話すこと[やり取り]】096

12 何が食べたいですか？ …………………………………………【話すこと[やり取り]】098

13 あこがれの人はこんな職業 …………………………………………………【知識・技能】100

14 あこがれの人の得意なことは？ ……………………………………………【書くこと】102

15 あこがれの人の紹介文づくり ………………………………………………【書くこと】104

Chapter 5 | 英語力を身につける 言語活動アイデア・6年編

1 自己紹介クイズを作ってみよう！ …………………………………………【書くこと】106

2 自己紹介すごろくで遊ぼう！ ………………………………【話すこと[やり取り]】108

3 どこに住んでいるの？ ………………………………………………………【知識・技能】110

4 彼・彼女は世界で活躍する有名人！ ………………………………………【書くこと】112

5 町にあるもの・ないもの・ほしいもの！ …………………………………【知識・技能】114

6 町を英語で紹介しよう！ ……………………………………………………【書くこと】116

7 サイコロトーク　〜夏休みの思い出〜 ………………………【話すこと[発表]】118

8 英文4コマ漫画　〜夏休みの思い出〜 ……………………………………【書くこと】121

9 思い出探偵団！小学校6年間の思い出調査 ……………【話すこと[やり取り]】124

10 小学校6年間の思い出を書いてみよう！ ………………【読むこと】【書くこと】126

11 サイコロで占う！私の中学時代 …………………………【読むこと】【書くこと】129

12 これが私の本当の気持ち ……………………………………………………【書くこと】132

おわりに ……………………………………………………………………………………… 134

Chapter 1　小学校英語の授業が必ず成功する基礎・基本の鉄板スキル

1　これだけは押さえたい！英語の基本ゲーム5

　小学校外国語活動（外国語科）では，是非！身につけておきたい英語ゲームというものがあります。まずは，それらを授業で実践し，教師の得意技としてマスターしてしまうと，授業は楽しくなります。それではまず基本英語ゲームを5個，身につけましょう。

❶キーワード・ゲーム

　児童はペアになり，机を向かい合います。消しゴムを1つ，ペアの真ん中に置きます。児童は，教師の後に単語を繰り返します。ただし，1つだけキーワードを決めておき，教師がそのキーワードを言ったら，真ん中に置いてある消しゴムをとるというゲームです。

❷ミッシング・ゲーム

　絵カードを黒板に貼ります。その後，Go to sleep.（寝なさい）と指示し，児童は顔を机に伏せます。その間に，教師は絵カードを1枚とります。Wake up.（起きなさい）と言うと，児童はなくなっているカードを探し，Monkey!（サルがない！）などと答えます。

❸3ヒントクイズ

　教師が3つヒントを言います。そのヒントを聞き，それが何だか当てるゲームです。このとき，本書82ページのように，早いヒントで当たると得点が高くなるようにもできます。

❹数字ビンゴ

　1〜25までの数字を5×5マスに書き入れます。教師が言った数字を○し，縦，横，斜め，一列になったらビンゴとなります。

❺カルタ

　ペアになり，教師が読み上げた英語に合う絵をとるゲームです。教師は単語あるいは英文を言って，児童はそれを聞き取って，その英語に合う絵をとります。

授業例　Hot Cold ゲーム　〜 Where is your treasure? 〜

　宝さがしゲームです。鬼を1人決めます。鬼は廊下に出ます。その間に，宝物を1つ教室内に隠します。例えば，「ドラえもんのぬいぐるみ」とします。宝物が隠せたら，廊下に出ていた鬼は教室に入ります。鬼は教室内を歩きます。そして，宝物に近づいたら，"Hot. Hot. Hot!" と3回言い，宝物から離れたら，"Cold Cold Cold!" と言います。その言葉を聞いて，鬼が宝物のありかを探し当てるというゲームです。

鬼：（教室内を歩く。宝物に近づく）
C：Hot. Hot. Hot!
鬼：（宝物から離れる）
C：Cold. Cold. Cold!
鬼：（振り返って，また歩く）

■▶Chapter 1 小学校英語の授業が必ず成功する基礎・基本の鉄板スキル

2 必ず盛り上がる！知っておきたい英語ゲーム10

英語ゲームは，まだまだたくさんあります。ゲームをマスターし，楽しい授業をしましょう。

❶カード de ビンゴ

絵カードを16枚，ペアに配り，4×4に机の上に置かせます。教師が言う英語を聞き，そのカードを裏返しにしていきます。いくつビンゴができるか競うゲームです。

❷スーパー3ヒントクイズ

ALT があるものになりきります。JTE が "Are you an animal? Are you big? Do you live in Australia?" などと質問し，児童はそれを聞いて，ALT が何になりきったのか当てます。

❸ Odd One Out ゲーム

いわゆる仲間外れゲームです。giraffe, panda, zebra と言えば，パンダとシマウマは白黒なので，giraffe が仲間外れとなります。

口頭で行うと「聞く」活動になります。

❹20を言ったら負けゲーム

ペアで数字を交互に言います。1回につき3つまで数字を言うことができます。20を言ってしまったら負けというゲームです。

❺ Fox Hunting ゲーム

児童は目を閉じます。「犬を飼っている人？」と聞きます。人数を数えた後，目を開けさせます。そして「この中に犬を飼っている人が8人います。5人見つけたら席に着きましょう」と言います。"Do you have a dog?" という英語を使って，犬を飼っている人を探すゲームです。

❻ What time is it, Mr. Wolf?

オオカミは前に立ち，児童は後ろにいます。児童は "What time is it, Mr. Wolf?" と聞きます。"It's 8 o'clock." と言うと児童は8歩前へ進みます。もし，"It's time to eat." と言うとオオカミは児童を食べにかかります。

❼ mingle, mingle

"Mingle, mingle." と言いながら歩きます。そして，"Mingle mingle, 5." と言ったら，5人組を作って座るというゲームです。

❽動物カードゲーム

児童に1人5枚ずつ動物カードを配ります。友達とジャンケンし，勝った人が "Do you have a dog? Do you have a tiger? Do you have a snake?" 等と3回質問します。相手がそのカードを持っていたらもらえるゲームです。

❾ステレオゲーム

黒板の前に5，6人児童が出てきて，一斉に，英語を言います。例えば，好きな果物を英語で I like 〜. と言います。誰がどんな果物が好きだったか当てるゲームです。

❿ポイントゲーム

2チームに分けます。黒板に次のように国名を書き，"Where do you want to go?" と言うと，1つのチームの誰かが "I want to go to India and Canada." と言います。2つの国の交差したところのカードをひっくり返すと，得点が出てくる仕組みとなっています。

	China	India	Brazil	Italy
Australia				
Canada		20		

007

3 "慣れ親しみ"からはじめよう！

　小学校の外国語活動（外国語科）の授業のキーワードは，「慣れ親しみ」です。新しい学習指導要領でも，「外国語の音声や基本的な表現に慣れ親しむ」（3・4年生），「読むこと，書くことに慣れ親しみ」（5・6年）とあるように，この「慣れ親しみ」という視点は決して外せないキーワードとなります。

　以前，私が中学校から小学校に異動したとき，児童に英語の力をつけたいと思い，指導に力を入れていました。しかし，そのうち，何となく，児童に笑みがなくなり，私自身も英語授業への楽しさがなくなってきました。

　そんなある時，指導主事から次のような話を聞きました。

　「指導主事の会議で，文部科学省の先生の話を聞く機会があったんだけど，その中で質問したんだ。"もし，結果的に定着できた子どもに対しては，～が言えるようになった…数字を20まで言うことができた…のように定着度を評価してもいいのではないか"…すると，即座に**"目標にないことは評価しません"**と言われたよ」

　私はこの話を聞き，180度授業を変えました。「なるほど…目標にないことは評価しないか…」。それからというもの，できるようにさせなくては…という重荷がとれ，気が楽になりました。たとえ児童が英語がうまく言えなくても，焦らない自分がそこにはいました。当然，教師が授業を楽しく感じれば，児童も授業を楽しそうに受けている姿が見られたのです。

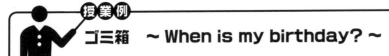

黒板に階段の絵を描き，上に人を立たせます。

JTE：When is my birthday? If you are wrong,（間違えたら）
　　　this man goes down.（この人が階段を降りていきます）
　　　And he falls into the trash box.（そして，最後はゴミ箱に落ちてしまいます）
　　　So help him.（落ちないように助けてね）OK. When is my birthday?
C1：March?
JTE：No ....（人を1つ階段を下す）
　C：お～～～。
C2：2月ってなんて言うの？
JTE：February.
C2：February!（←ここで英語に触れていればOKなのです）

4 体験的に教えよう！

　学習指導要領は，私たち授業者の心の拠り所です。指導の方向性や指針を適格に示してくれます。多くの学識者が何年もかけて検討を重ねてきた結果，提出された学習指導要領です。私は新しい学習指導要領が出されるたびに，課題を与えられた気持ちになり，文科省の方向性に少しでも授業が近づくよう授業実践に工夫と改善を加えてきました。例えば，学習指導要領の中の文言である「体験的に」という言葉があります。このキーワードを追い求めるだけで，よい教材研究のテーマとなるでしょう。では「体験的に」とはどういうことを指すのでしょうか。学習指導要領の言葉を借りると，「知識のみによって理解を深めるのではなく，体験を通して理解を深める」(「小学校学習指導要領解説　外国語活動編」p.11) とあります。つまり，「意味のあるやり取り（＝コミュニケーション）の中で，言語や文化について理解する営み」と考えます。紙の上での練習や意味のない英文の繰り返しではなく，「相手」や「他者」に配慮しながら，実際に繰り返し使うことで，目標とする学習内容の理解を深めていくこととなります。よって，言語事項の導入部も「体験的に」行いたいものです。下記は，その一例です。

新文型のスキット　〜最後にオチ(punch line)を設定し楽しいスキットを!!〜

JTE：Do you like fishing?
ALT：Yes. But ... I'm not a good fisherman.
JTE：OK. I'll teach you.　Let's go!!
　（2人は釣りをする）
ALT：Wow, a big fish!（と言って，魚を釣り上げる）
JTE：Nice!
　（釣りを続けるが，ALTがどんどん釣り上げ，JTEは1匹も釣れない）
JTE：How many fish?
ALT：One, two, three, four, five ... eleven fish. Mr. Takizawa, **how many fish?**
JTE：No fish. But I'm a professional fisherman. えい！
ALT：Wow! A fish.（また釣り上げる）
JTE：Again? ... Look!（と言って，遠くを見させる）
　（ALTがよそ見した間に，魚の入ったバケツをけ飛ばす。そして言う）
　　　　How many fish?
ALT：No ... fish ....

▶Chapter 1　小学校英語の授業が必ず成功する基礎・基本の鉄板スキル

5 文字指導で工夫しよう！

　5・6年生の授業の最大のポイントは,「文字指導」です。ここをどう指導するかです。重要なポイントがあります。それは,「音声で十分に慣れ親しんだ」という枕詞です。音声で十分に慣れ親しんだ「簡単な語句や基本的な表現」を「読み」「書き」します。逆に,十分に慣れ親しんでいない語句や表現は,基本的には読ませたり,書かせたりはしません。

　高学年でやることは次の5つです。「(2) 読むこと」に関しては,

　　「ア　活字体で書かれた文字を識別し,発音する」

　　「イ　簡単な語句や基本的な表現の意味を理解する」

という2つの目標があります。同様に,「(5) 書くこと」では,

　　「ア　大文字・小文字を活字体で書くことができる」

　　「ア　簡単な語句や基本的な表現を書き写すことができる」

　　「イ　例文を参考に書くことができる」

です。書くことでは,「書き写す」と「例文を参考に」という2つをやればいいわけです。

　中学年では,「文字の読み方が発音されるのを聞いて,活字体で書かれた文字と結び付ける活動」や「文字については（中略）音声によるコミュニケーションを補助するものとして取り扱う」と書かれています。また,「児童の抵抗感を軽減し達成感がもてるような手立てを講じる必要がある」（強調は著者,「外国語活動編」p.27）とあることから,中学年での文字指導に関しても,注意が必要です。

授業例

単語を読んでみよう！　〜「本名」と「芸名」〜

T：この文字は何？（と言って,黒板にdと書く）　　　　　　C：ディー。

T：これは？（と言って,dに続けてoと書く）　　　　　　　C：オウ。

T：これは？（と言って,doに続けてgと書く）　　　　　　 C：ジー。

T：じゃ,これを続けて読むと？　　　　　　　　　　　　　C：ドッグ。

T：Good. 実はアルファベットには,「本名」と「芸名」が

　　あって,単語の中では芸名を使います。

　　（cと黒板に書いて）このアルファベットは何？　　　　C：スィー。

T：じゃ,芸名は？　　　　　　　　　　　　　　　　　　　C：????

T：「ク」って言います。本名は「スィー」で芸名は「ク」です。

T：これは何と読むかな。（と言って,黒板にcatと書く）　　C：キャット！

■▶Chapter 1　小学校英語の授業が必ず成功する基礎・基本の鉄板スキル

6　"三種の神器"を押さえよう！

　私が勝手に呼んでいます。英語授業必須の道具。それらは，
　　①絵カード
　　②カルタ用カード
　　③絵シート
の3つです。
　1つ目の「絵カード」というのは，児童に提示するB4サイズ横型のカードとなります。これは，基本的に，横長で作成します。手にしたときに，持ちやすいからです。また，裏に磁石を貼っておき，黒板にパッと貼れるようにしておきます。これを作っておくと，児童に絵カードを見せ，英語で言わせたり，黒板に貼り，ミッシング・ゲームとして使ったり，その他のゲームやアクティビティで使うことができます。
　2つ目は，「カルタ用カード」です。これは，「人数÷2」の枚数分，作ります。作成するときは，カードを切ったり，数を揃えたりと多少時間を必要としますが，このカードを作っておくと，色々な活動で活用することができます。ちなみにこの「カルタ用カード」は，縦長で作成します。カルタ以外では，カードを4×4に机の上に置き，教師が読み上げた語を聞き，それに合う絵を裏返しにしていき，「カードビンゴ」にすることもできます。
　最後の3つ目は，「絵シート」です。これは，児童に配付できるように1枚の用紙に必要な語彙（イラスト）を載せ，児童がいつでも語彙を振り返られるようにしておきます。（本書53，71，111ページ等参照）

絵カードがあれば，すぐに授業がはじめられる!!

T：Look at this. What's this?
C：Penguin.
T：That's right. Repeat. Penguin.
C：Penguin.

7 文化の違いを指導しよう！

「言葉は文化を内包する」と言われます。言葉があることは，その裏にはその国の「文化」があるのです。ベトナムに3年ほど住んでいたとき，陽気なベトナム人に「ストレスは感じないの？」と聞くと，「ストレスって何？」と聞かれ，ベトナム語自体にストレスという語がなかったのです。つまり，発展途上の前へ前へ進む元気な国，ベトナムでは，ストレスを感じる文化がなかったのです。我が家の娘は，子どものときに，「お父さん6押して」と言っていました。6というのは，テレビのチャンネルです。私の年代は，「6チャン回して」と言っていました。なぜなら昔のテレビは，チャンネルを回していたからです。学校で，靴を入れるところを何と言うでしょうか。昇降口にある靴を入れる箱です。「下駄箱」と言いますね。でも普段下駄履いていますか？ 日本の昔の文化が，言葉に残っているのです。私は極力「靴箱」と言うようにしています。また，鉛筆を入れる箱は何と言いますか。そうです。「筆箱」って言いますよね。でも，筆は入っていません。これも昔の日本人の生活が言葉に残っているのです。

英語にもあります。「電話を切る」は，hang up the phone です。でも何で up なのでしょうか。昔は電話は壁に「かけていた」のですね。その言葉が残っているのです。Ladies and gentlemen. もそうです。女性を大事にする文化が言葉に現れています。でも，年齢が幼くなると，Boys and girls. と男の子を先に言うのはどうしてなのでしょうか。

授業例
日本語と英語での言い方の違いに気づかせる

小学校外国語活動のテキストの中にも，多くの文化が見え隠れします。食べ物の学習では，hamburg steak（または，hamburger steak）に見られますね。日本では，「ハンバーグ」と言います。でも，英語では最後に必ず，steak を付けます。なぜ，hamburg ではないのでしょうか。なぜ，最後に steak を付けるのでしょうか。これなども調べてみると「へ？」「なるほど」「そうなんだ」という"発見"があるでしょう。

T：What's this?
C：Hamburg.
T：Hamburg??? It's not. This is a hamburg steak.
C：Hamburg steak???
T：Yes. It's a hamburg steak. Not hamburg.
　ハンバーグは，英語で「ハンバーグ・ステイク」と言います。でも，なんで，最後にステーキって付けるんだろうね。調べてみてください。これ今日の自学！

8 第二言語習得理論を押さえよう！

　第二言語における認知プロセスは，次の過程を辿るそうです。まず，言語を外からインプットします。聞いたり，読んだりして新しい言語に触れます。次は，「気づき」です。気づかなければ，そのまま聞き飛ばしたり，読み飛ばしたりします。例えば，1円玉の裏にはどんな図柄が描かれているでしょうか。私たちは何度も1円玉を手にしていますが，気づかないと，何度触れていてもわかるようにならないものです。英語でも新しいターゲットとなる言語項目に視線を向けさせ，「気づき」をもたせます。その後，「体験的に」理解させ（理解），繰り返し練習し（内在化），そして既習事項を組み合わせながら活用し（統合），表現できるようにします。（廣森友人著『英語学習のメカニズム』大修館書店）

　小学校では，「体験的に理解させ」ということですので，言語活動を行いながら，理解させるのでしょう。私は「内在化」と「統合」の間にも，私は第2の「理解」があると思っています。ここが「深い理解」となります。最初の理解は「浅い理解」でよいと思っています。

授業例
教えたい事項に気づきをもたせ，理解させる

T：What's this?
C：けん玉（←インプット）
T：Yes! What's this in English?
C：???（←気づき：「英語で何て言うんだ？」）
T：Right. This is a ... cup. And this is a ... ball. So this toy is <u>a cup and ball</u>.
C：Cup and ball?（←理解：「cup and ball って言うんだ」）
T：Yes. It's a cup and ball. <u>Can you</u> play a cup and ball?（**Takeshi**：Yes.）
T：O.K. Try.（**Takeshi**：けん玉をやり，成功する）
T：Oh. Good. Takeshi <u>can play</u> a cup and ball.（←インプット）
　　can play ってどういう意味だろうね。
C：「けん玉ができる」っていう意味じゃん？（←気づき）

■▶Chapter 1　小学校英語の授業が必ず成功する基礎・基本の鉄板スキル

9 振り返りカードで評価をしよう！

　学習指導要領（平成20年版）における外国語活動の評価で，一番難しいのは，「言語への気づき」です。「コミュニケーションへの関心・意欲・態度」や「言語への慣れ親しみ」は，授業中の様子や活動後のワークシートにより見取ることができました。しかし「言語への気づき」は，児童の心の内面を探るため，授業中なかなか見取ることができません。そこで登場したのが，「振り返りカード」です。児童に「振り返りカード」を書いてもらい，その中で評価するという方法をとりました。必要感あっての「振り返りカード」です。

振り返りカード

Class ▶　　　Number ▶　　　Name ▶

★1　今日の授業は楽しかったですか。　　　6　5　4　3　2　1

★2　積極的に英語を使おうとしましたか。　6　5　4　3　2　1

★3　今日の授業で，何か気づいたことや，授業の感想を書きましょう。

6（とてもそう思う）　　5（そう思う）　　4（どちらかというとそう思う）
3（どちらかというとそう思わない）　2（そう思わない）　1（全然そう思わない）

授業例　ステレオゲームで児童の活動の様子を観察！

　児童が5人，前に出ます。
C：What color do you like?
C1〜C5：I like ....（前に出た5人が一斉に好きな色を答える）
C：はい！（児童は挙手）　　⇨【観察：コミュニケーションへの関心・意欲・態度】
T：○○さん。
C6：Kenta likes blue.　　　⇨【観察：言語への慣れ親しみ】
Kenta：That's right.（と言って，ケンタは自席に戻る）
C：はい！（児童は挙手）　　⇨【観察：コミュニケーションへの関心・意欲・態度】

10 日本式発音から脱却しよう！

　英語の発音には，日本語にない発音があります。結論を言うと，発音指導とは，日本語にない音を指導すればいいのではないかと考えます。つまり，日本語で補える音は，とくに教える必要はないのではないかと思うのです。もちろん，余裕があったら指導すべきですが…。
　では，英語にあって，日本語にない音って，どんな音があるでしょうか。
　実はそういくつもないんです。1つは，ラ行音です。[L]と[R]です。これは舌の位置が日本語と違います。2つ目は，ア音です。catの[a]の音，cupの[u]の音，girlの[ir]の音です。3つ目は，Thank you.の[th]の無声音と，motherの[th]の有声音です。4つ目は，friendの[f]の無声音と，violetの[v]の有声音です。これらはぜひ違いを理解させたいです。
　また，日本語にはあるけれど，留意させたい音というのがあります。
　　例）[m]は口を閉じて，[n]は口を少し開いて鼻から音を出します。
　　　　　　ham（ハム）　ten（数字の10）
　　[s]は，歯と歯を合わせて「ス」と言う。[sh]の音と区別させるためです。
　　[w]の発音は難しく，特にw+母音（o）やwhの音は，次のように区切り，wの口の形をしっかりとらせるようにします。
　　　　　wolf（オオカミ）　→　w‐olf　　what　→　w‐hat
そこで，最初に，黒板にolfと書きます。そして「オルフ」と言わせます。その後，wを書き，wolfとし，これで，「ウオルフ」と発音させます。これで「ウルフ」という日本式発音から脱却できます。

授業例　まず，数字の「１」から発音指導！

　数字の「１」を英語で言わせます。児童は元気よく「ワン」と言います。何回か言わせたあと，「"ワン"だと犬になっちゃうよね」と言って，黒板に，お椀の絵を描きます。
T：これは何？
C：茶碗，お椀。
T：そう。お椀です。数字の1は，「お椀（オワン）」と言うように言います。
　　先に口をとがらせてから言います。言ってみましょう。One.
C：オワン。
T：Good. そんな感じ。
　実は，数字の１～20までをしっかり言えれば，英語の発音はたいてい入っているのです。

Chapter 2 外国語活動が盛り上がる言語活動アイデア・3年編

1 世界の様々な言語で挨拶しよう こんにちは！

話すこと［やり取り］

ねらい	世界には多くの言葉があり，異文化を尊重する気持ちを育てる。
表現例	世界の「こんにちは」の挨拶
語彙例	Hello. / Guten Tag. / 你好　他
準備物	世界の「こんにちは」のスピーチバブル，ワークシート

時間 15min

　世界にはおよそ7000語の言語があると言われています。それら多くの言語のうちの1つに英語があります。英語は国際語として，現在のグローバル社会においては，必須の言語です。本時は，外国語との出合いとして，「多くある言語のうちの1つである英語を学んでいきます」というメッセージを児童に投げかけるオリエンテーションとします。

≫ 指導の流れ

❶ 次のようなスピーチバブルを黒板に貼り，各国の言葉で「こんにちは」を言いながら，世界には多くの言語があることに気づかせる。電子辞書やアプリ，ソフトなどを活用し，実際の音声があるとよい。（5分）

　T：Guten Tag.　你好。（と言いながらスピーチバブルを貼る）

❷ ワークシートを配付し，世界の「こんにちは」を繰り返らせる。（3分）
　T：Let's say! Guten Tag.　　C：Guten Tag.

❸ ワークシートを9つに切ったカードを児童に配付し，手にした挨拶を友達と交わす。
　その際，挨拶をされた人は，相手の言語で挨拶を交わす。（5分）
　例）　C1：Guten Tag.　　C2：Guten Tag.

❹ 振り返りでは，「他にどのような表現を知りたいですか」と投げかけ，言語に関する興味を高める。（2分）　例）「さようなら」「ありがとう」「元気？」「おはよう」等

≫ 指導のポイント

　児童に言語への興味関心を高める一番の方法は，まず教師が言語に親しむことです。例えば，この授業の続編として，世界の「さようなら」を調べ，児童に提示してみたらどうでしょうか。それだけで児童は言語に興味・関心をもつことができるでしょう。そして，授業で扱ったものを教室や廊下に掲示しておくだけでも，児童の言語への関心が持続することでしょう。

〈英語クイズの答え〉　Q1②（中国語）　Q2①（英語）　Q3③（7000語）

世界のことばで「こんにちは！」

Class ▶　　　Number ▶　　　Name ▶

> 英語クイズ

Q1 世界で一番多くの人に話されていることばは何？　①英語　②中国語　③スペイン語
Q2 世界で一番多くの国で話されていることばは何？　①英語　②フランス語　③ドイツ語
Q3 世界にはおよそいくつの言語がある？　　　　　　①100語　②3000語　③7000語

■▶Chapter 2　外国語活動が盛り上がる言語活動アイデア・3年編

2 自分の名前を相手に上手に伝えよう
話すこと［やり取り］

ねらい	名前をゆっくり，はっきりと相手に伝えるようにする。
表現例	My name is ....
語彙例	なし
準備物	カード（人物A，人物B，人物C），ワークシート

時間
15min

　日本人同士であれば普通のスピードで言っても，相手の名前を聞き取ることができますが，外国人が日本人の名前を聞くと，聞き取れないこともあります。また，逆も同じで，外国人の名前がよく聞き取れないという経験も私たちにはあるのではないでしょうか。そこで本時では，「名前を言うときは，ゆっくり，はっきり言う習慣を身につける」ことをねらいとします。

≫ 指導の流れ

❶ 教師が名前を3通りで言ってみる。（2分）

　T：先生が3通りの言い方で自分の名前を紹介しますね。

　T：パターンA　Hello. I'm Ma-yu-mi. Nice to meet you.（名前をゆっくりはっきり言う）

　T：パターンB　Hello. I'm Mayumi. Nice to meet you.（名前のところを早く言う）

　T：パターンC　Hello. I'm Mayumi. Nice to meet you.（名前のところを小さな声で言う）

❷ 感じたことを児童から出させる。（2分）

　C1：パターンAは，名前をゆっくり言っていたので，聞き取りやすかった。

　C2：パターンBは，早くて何て言っているかわからなかった。

　C3：パターンCは，声が小さくて聞き取れなかった。

❸ ワークシートを配付し，名前を言うとき，気を付ける点を考える。（6分）

　T：Star1（★）.自分の名前を言うときに，どんな点に気を付けたらよいでしょうか。

　　　ワークシートに書いてみましょう。

❹ 実際に，はっきりゆっくり言う練習をする。（5分）

　T：では，気を付ける点を考えて，友達に自分の名前を言ってみましょう。

　　　やった人の出席番号を控えておきましょう。

≫ 指導のポイント

　活動をしたときに，「相手の出席番号を控える」ことをします。これをやっておくことで，男女問わず，大勢の人と対話するようになります。活動を終えたら，簡単に何人の人とできたか確認した後，教師が番号（数字）を言っていきます。児童は言われた番号に○をします。つまり，ビンゴゲームです。このように活動後にも，楽しみがあるといいですね。

名前をあいてにじょうずにつたえよう

Class ▶　　　Number ▶　　　Name ▶

⭐1 名前を言うとき，どのようなことに気をつけたらよいだろう。

⭐2 友だちと英語でじこしょうかいをしてみよう。

> Hello.
> My name is Suzuki Kenta.
> Nice to meet you.

⭐3 会話をした友だちの出席番号を書いておこう。

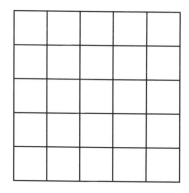

▶ 活動をふりかえってみよう

①できるだけ多くの友だちに話しかけようとしましたか。	4 3 2 1
②名前をゆっくり，はっきり言おうとしましたか。	4 3 2 1
③今日のじゅ業は楽しかったですか。	4 3 2 1

4（はい）　3（どちらかというとはい）　2（どちらかというといいえ）　1（いいえ）

■▶Chapter 2　外国語活動が盛り上がる言語活動アイデア・3年編

3 1日の色々な挨拶を学ぼう！
話すこと［やり取り］

ねらい	英語の色々な挨拶に慣れ親しむ。
表現例	Good morning. / How are you? / I'm fine. / See you.　他
語彙例	morning, afternoon, evening, night　他
準備物	時計，ワークシート

時間
15 min

　"英語" を教えることは，"文化" を教えることでもあります。例えば，午前10時頃までは，日本では「おはよう」を使います。しかし英語では，お昼の12時までを，Good morning. と挨拶をします。又，12時以降から太陽が沈むまでは Good afternoon. その後は Good evening. となります。このように日英の文化の違いにも気づかせるようにしましょう。

≫ 指導の流れ

❶ 正午までは Good morning. 12時以降は Good afternoon. と言うことを教える。（7分）

○時計を持ち出し，時刻を6時に合わせ，児童に尋ねる。

T：Now. It's 6 in the morning. What do English speaking people say to their family?

C：Good morning.

T：Yes. Great! How about 9 o'clock?　（**C**：Good morning.）

T：How about 11 o'clock?　（**C**：??? こんにちは。）

T：At 11, they say "Good morning". How about 12 o'clock?　（**C**：Good ....）

T：After 12 o'clock, they say "Good afternoon". Repeat. Good afternoon.

C：Good afternoon.

○同様に，さらに時計を1時間ずつ進め，18時頃は，Good evening. となることを教える。

❷ 時間帯別！「挨拶ゲーム」を行う。（3分）

　教師が「7 o'clock in the morning.（朝7時）」と言うと，児童は立って友達に "Good morning." "Good morning." と何人かと挨拶をする。数秒後，「Two o'clock in the afternoon.（昼2時）」と言うと，"Good afternoon." と挨拶をする。

❸ その他の挨拶を学ぶ。（5分）

○「元気？」「元気だよ」「さようなら」「おやすみ」「またね」などの表現を教える。

≫ 指導のポイント

　Good morning. は Good で「グッ」となり，語尾の d は発音しません。どちらかというと，「グッ　モーニング」となります。Good afternoon. と Good evening. は，語と語がリエゾン（連結）され，それぞれ「グラフタヌーン」「グリーブリング」となります。

1日のあいさつ！

Class ▶　　　Number ▶　　　Name ▶

活動をふりかえってみよう

①できるだけ多くの友だちに話しかけようとしましたか。	4	3	2	1
②今日のじゅ業は楽しかったですか。	4	3	2	1

4（はい）　3（どちらかというとはい）　2（どちらかというといいえ）　1（いいえ）

■▶Chapter 2 外国語活動が盛り上がる言語活動アイデア・3年編

4 え？英語と日本語では発音が違うの？
知識・技能

ねらい	英語での色の表現に慣れ親しむ。
表現例	What color is this?　他
語彙例	red, yellow, green, blue, orange, pink, purple, black, white, grey, brown
準備物	信号機の絵，色カード，ワークシート

時間 **15**min

　色の文化も日本と英語圏では違いがあります。例えば，信号機の色は，日本では「赤・青・黄」ですが，英語では，red, green, yellow と言い，「青」は「緑」と表現します。また，「月（moon）」は，日本人は黄色で表しますが，英語圏では，白です。「太陽（sun）」は，日本では赤色ですが，英語圏では黄色です。山は緑色で描きますが，英語圏では茶色で表現します。

≫ 指導の流れ

❶ 信号機の絵を見せ，どこが何色か尋ね，「赤」「緑」「黄色」の語彙を教える。（3分）

　T：This is a traffic signal. What color is this?（と言って，一番右側を指す）（**C 1**：Red!）

　T：Good. What color is this?（**C 2**：Yellow.）

　T：Great! How about this? What color is this?（**C**：Blue??? Green???）

　T：In Japanese, we say 赤青黄 . But in English, they say "red, yellow and green". This is green.（ALT がいれば，ALT に尋ね，児童に気づかせるとよい）

❷ 「白」「黒」「茶色」の語彙を教える。（5分）

　T：What color is this?（と言って，色々な色を見せ，英語で何と言うか教える）

　C：White.

❸ 「灰色」「だいだい色」「紫」の色を，色の足し算で教える。（3分）

　T：White and black makes ….

　C：Grey!

　T：Yes. We can make grey.

　○黒＋白＝灰色，赤＋白＝だいだい色，青＋赤＝紫で色々な色ができることを教える。

❹ ワークシートを配り，英語での色の言い方を学ぶ。（4分）

　T：Look at the worksheet.

≫ 指導のポイント

　日本語では「白黒」と言い，白を先に言いますが，英語では「 black and white 」と「黒」を先に言います。また，英語で「肌色」は，pale color と言います。肌色とは日本人にとっての「肌の色」であって，世界共通の認識とはずれることを理解した上で，指導に当たりたいです。

022

色を英語で言ってみよう！

Class ▸　　Number ▸　　Name ▸

▶ Chapter 2　外国語活動が盛り上がる言語活動アイデア・3年編

好みを伝え合おう！
話すこと [やり取り]

ねらい	自分の好きな色を英語で言う。
表現例	Do you like …? / Yes, I do. / No, I don't.
語彙例	rat, T shirt, bag, shoes, cap　他
準備物	イラスト（ドラえもん，どら焼き，ネズミ），色カード，ワークシート

時間 15min

　好きな色を聞き合うのが，今回のターゲットになります。ここではDo you like ～? Yes, I do. No, I don't. という表現を使いながら，好きかどうか尋ねる表現に慣れ親しむことがねらいです。

≫ 指導の流れ

❶ 前時の復習（2分）
　T：Let's name colors. Look at the star 1 on your worksheet. What color is No.1?
　C：Red.（T：Great!）

❷ ドラえもんで，好き嫌いの導入をする。（3分）
　T：Hello. I'm Doraemon. Look. I like ….（C：dorayaki.）
　T：That's right. I like dorayaki. Do you like dorayaki?（C：Yes.）
　T：Yes, I do.（C：Yes, I do.）
　T：Look at this. I don't like ….（C：rat.）
　T：That's right. I don't like rats. Do you like rats?（C：No. ／ Yes.）
　T：No, I don't. … Yes, I do???

❸ 好きな色を聞いてみる。（5分）
　T：Red. Blue. Yellow. What color do you like? Do you like red?（C：Yes, I do. ／ No, I don't.）
　T：Do you like purple?（C：No, I don't.）

❹ ワークシート☆……We are the same ゲームをする。（5分）
　○教師が"Do you like green?"のように児童に尋ねる。児童は，「せーの」で，ペアに向かって，その質問に答える。（C：Yes, I do. ／ No, I don't.）2人とも同じ答えなら，"We are the same."と言って，ハイタッチをする。

≫ 指導のポイント

　実際は，「特定の色が好き」と言うよりも，「もし靴を買うなら」「帽子なら」のように，物によって好みの色があるものだと思います。そこで，ワークシートの☆では，もしそれらを買うとしたら何色がいいかという活動にしています。

このみをつたえ合おう！

Class ▶　　　Number ▶　　　Name ▶

★1 次の色を英語で言ってみよう。

★2 先生のしつ問に答えよう。ペアと同じ答えなら，"We are the same."（わたしたち同じね）と言って，ハイタッチしよう。

★3 友だちに，次の色がすきかどうか聞いてみよう。すきな色には○をすきでない色には×を書いていこう。

名前＼色	red（赤）	brown（茶色）	yellow（黄色）	purple（紫）	pink（ピンク）

★4 今度のたん生日に，家族から次のようなものがプレゼントとして用意されているよ。それぞれ何色のものがほしいかな？

①Tシャツ　　　　②カバン　　　　　③くつ　　　　　　④ぼうし

■▶Chapter 2 外国語活動が盛り上がる言語活動アイデア・3年編

6 ヤッター！誕生日はこれがほしい！
話すこと［やり取り］

ねらい	何色の何が好きか，自分の好みを英語で伝える。
表現例	色＋物（I like yellow T shirts.） 他
語彙例	T shirt, cap, shoes, hat, cat, dog 他
準備物	身近なもの（Tシャツ，靴，ネクタイ，帽子，カバン等），ワークシート

時間 15min

　色の語彙に慣れ親しむことが授業のねらいとなります。ただ，好きな色と言っても，「靴なら黒色が好き」「帽子なら青がいい」「シャツなら白がいい」のように，物によって違いがあることも考えられます。そこで，今回は，I like brown T shirts.（私は茶色のTシャツが好き）のように，「色＋物」で，色の表現に慣れ親しませていきます。

≫ 指導の流れ

❶ 身近なものをいくつか実物を見せ，本時のねらいにせまる。（3分）
　T：Look at this. What's this? （**C**：T shirt.）
　T：That's right. What color is this T shirt? （**C**：Blue, green and pink.）
　T：Yes. It's blue, green and pink. I like blue T shirts.
　○この他，靴やネクタイ，帽子，ボールペン，カバン等を利用するとよい。

❷ ワークシートを配り，好きな色を塗る。（5分）
　T：Look at the star 1. （★を読み上げる）
　　　I'll give you 3 minutes.
　○児童が色を塗っている間，机間指導し，Oh, you like yellow. I like yellow, too. のように，児童が自己関与しているときに声をかけ，できるだけ色の表現を確認していきたい。

❸ 好きなものを英語で伝え合う。（7分）
　T：Now it's time to talk. Tell … what you like. For example, I like brown shoes.
　○教師が見本を見せる。
　T：Stand up. Go and talk with your friends.

≫ 指導のポイント

　英語学習には，意図的学習と偶発的学習があります。ねらいをしっかりもって，「今日はこれを学ぼう」というのは，意図的学習になります。一方，日常何気なく見聞きしている間に，いつの間にか身についてしまっているものがあります。母語がそうですね。文のルールを学習しなくても，正しい日本語が使えるようになってきます。外国語活動でも，Stand up. や It's time to talk. For examle 等，教師が何気なく使うことで偶発的学習につなげることができます。

もうすぐたんじょう日！ほしいものは？

Class ▶　　　Number ▶　　　Name ▶

1 ヤッター！　あなたは，こんどのたんじょう日に，プレゼントをもらえることになったよ！　何色がほしいかな？　次の中からほしいものを2つえらび，それに色をぬってみよう。

2 友だちに，絵を見せながら，自分のすきなものを1つ，伝えてみよう！
また，友だちは何色のものがすきだったか，日本語でメモしておこう。

友だちの名前	すきな色ともの	友だちの名前	すきな色ともの

■▶Chapter 2　外国語活動が盛り上がる言語活動アイデア・3年編

7 アルファベットはこんなふうにできたんだ！
知識・技能

ねらい	アルファベットの歴史を知り，文字への興味をもつ。
表現例	なし
語彙例	アルファベットの大文字
準備物	アルファベットAの文字ができるまでの絵，ワークシート

時間 10min

アルファベットの出合いです。アルファベットを見せて，教師の後に繰り返し言わせたり，アルファベットカルタをやったりして，アルファベットに慣れ親しませます。そして，隙間時間に，「文字の成り立ち」を教えましょう。文字に対する興味・関心がきっと深まるはずです。

≫ 指導の流れ

❶ アルファベットはエジプトの象形文字からできたことを知る。(3分)

T：Look at this. What's this? (と言って，右のような絵を見せる)
C：牛？
T：Yes. It's a bull. オスの牛。A bull.
　　This was an Egyptian letter long long ago. 昔のエジプト文字です。
　　This letter has changed into .... (と言って，パラパラめくる感じで文字の変化の様子を見せる)

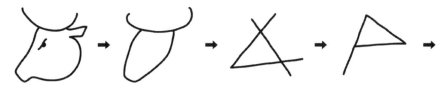

T：What is this letter? (4枚を順に見せたらどんな文字か尋ねる)　C1：P？
T：Good guess. いい感じ。But this is not P.　C2：F？
T：Good guess. But no ....　C3：A！
T：A??? Anyone? (と言って，他の意見を求める) Yes! This is A. (最後の1枚を見せる)

❷ ワークシートを配り，文字の成り立ちについて推測する。(7分)

≫ 指導のポイント

ワークシートの☆は，①A②B③G④E⑤Kとなり，★は，①M②N③Sとなります。

〈参考文献〉スティーヴン・ロジャー・フィッシャー著／鈴木晶訳『文字の歴史―ヒエログリフから未来の「世界文字」まで』(研究社) 2005年

アルファベットの大文字はこんなふうにできた！

Class ▶　　　　Number ▶　　　　Name ▶

★1 アルファベットの大文字の多くは，エジプトの文字からだんだんとへん化して，げんざいのアルファベットができました。アルファベットの「A」は，「オスの牛」からできた文字なのです。

★2 次の文字は，どんな絵からできたのかな？　線で結んでみよう。

　　　　古代エジプト文字　　原シナイ文字　　フェニキア文字　　初期ギリシア文字　　　　　　ラテン文字

① 　　　・　　・　G

② 　　　・　　・　K

③ 　　　・　　・　A

④ 　　　　　　　・　　　　　・　B

⑤ 　　　　　　　　　　　　　　　　　　　　　　　　・　E

★3 次の絵からどんな文字ができたのかな？

① ⇒ □　　② ⇒ □　　③ ⇒ □

▶Chapter 2 外国語活動が盛り上がる言語活動アイデア・3年編

8 身の回りのアルファベット大文字を探そう！
知識・技能

ねらい	身の回りでは，多くのアルファベットが使われていることに気づく。
表現例	なし
語彙例	アルファベットの大文字
準備物	アルファベット大文字が使われている看板（写真），ワークシート

時間 15min

英語に興味をもたせるとは，授業を超えたところにあります。例えば，日常生活の中で，授業で習ったことに目が向くということです。家に帰る途中に，お店の看板を見てアルファベットで綴られていることに気づき，文字を読もうとすれば，興味・関心が深まったと言えます。

≫ 指導の流れ

❶ 身近にある看板を見せ，身の回りにアルファベットがあることを知る。（5分）

T：Look at this. What's this?（と言って，右のような写真を見せる）
C1：ガソリンスタンドだ！
C2：エネオスだよ。
T：That's right. This is a sign, 看板, ENEOS.
　　How about this?（と言って，AED と書かれている看板を見せる）
C3：なんだ？
C4：駅で見たことがある。
T：Look at here.（AED を指さす）
C5：A-E-D.
T：Yes. こんなところにも，アルファベットがあったね。

❷ ワークシートを配り，身の回りにたくさんアルファベットがあることを知る。（10分）

T：Look at the Star 1.
　　お店の看板を見て，何と書いてあるかカタカナで書いてみよう。
C1：わかった！

≫ 指導のポイント

ワークシートの★では，町でよく見かける看板を取り上げました。ただ，セブン−イレブンの最後の文字はnと小文字となっています。小文字はまた別に学習するので，そのときの導入としても使えるでしょう。★では，その他で商品に使われているアルファベットに気づかせることをねらって集めてみました。実際は，実物で見せるとよいでしょう。

身の回りのアルファベット大文字をさがそう！

Class ▶　　　　　Number ▶　　　　　Name ▶

⭐**1** みなさんの身の回りには，たくさんのアルファベットを見かけるね。
次の①〜④のお店のマークを見て，英語で書いてある部分は何と書いてあるか，カタカナで書いてみよう。

①　　　　　　　　　②　　　　　　　　　③　　　　　　　　　④

① (　　　　　　　　　　　　　　　　)　② (　　　　　　　　　　　　　　　　)

③ (　　　　　　　　　　　　　　　　)　④ (　　　　　　　　　　　　　　　　)

⭐**2** 今度は食べ物にあるアルファベットだよ。

①　　　　　　　　　　　　　　　　②

① (　　　　　　　　　　　　　)　② (　　　　　　　　　　　　　　　)

⭐**3** ほかにもあるかな？

(　　　　　　　　　　　　　　　　　　　　　　　　　　　　　　　　)

> 家に帰ったら，アルファベットの大文字を見つけてみよう！　切り取って持って来てね。

031

▶Chapter 2 外国語活動が盛り上がる言語活動アイデア・3年編

9 自分の名前をイニシャルで言ってみよう！
話すこと［やり取り］

ねらい	自分の名前をイニシャルで言う。
表現例	Hello. / My name is ....　他
語彙例	アルファベットの大文字
準備物	ケンタッキーの看板写真，身近な人物のイニシャルカード，ワークシート

時間 15min

　アルファベットの大文字しか学んでいない3年生は，名前をローマ字で伝えるには，小文字を使用するので無理があります。そこで My name is TH. とイニシャルで伝えることで，アルファベットの大文字に慣れ親しませます。KFC（ケンタッキーフライドチキン）の看板を見せ，イニシャルを用いた例を示し省略して書く場面があることを伝え，本時の導入とします。

≫ 指導の流れ

❶ 身近にある看板を見せ，身の回りにアルファベットがあることを知る。（3分）

T：Look at this. What's this?（と言って，右下のような写真を見せる）
C1：ケンタッキーだ！
C2：Kentucky Fried Chicken.
T：よくわかったね。
C2：だって，ケンタッキーのKに，フライドチキン，あれ？
C3：フライドのFと，チキンのCだよ。
T：今日は，こういったイニシャルを使って，自分の名前を紹介しましょう。

❷ 身近な人物をイニシャルで紹介する。（2分）

T：My name is Takizawa Hiroto. So,（Tの文字を見せ）Takizawa.（Hの文字を見せながら）Hiroto.
T：Who is this teacher? Hi. My name is KY. 　　C1：クロサワヨシコ先生だ。
T：Yes. How about this? I am a character. My name is HK. I am a cat. I have a red ribbon on my head.（答え：ハローキティ）

❸ ワークシートを配り，★〜★を行う。（10分）

≫ 指導のポイント

　英語授業の最後は，できることなら自己表現（output）に持ち込みます。ここではイニシャルで名前を表すことを学んだら，実際に自分のイニシャルを「書いて」，友達に「見せて」，「伝える」という活動を行います。このときも，ゆっくりはっきり言わせましょう。

イニシャルで名前をつたえよう！

Class ▶   Number ▶   Name ▶

1 有名な人物だよ。イニシャルと本名を線でつないでみよう。

① MM •   • ポケットモンスター

② NN •   • キングコング

③ PM •   • 浦島太郎

④ DD •   • ミッキーマウス

⑤ KK •   • 野比のび太

⑥ UT •   • ドナルドダック

2 あなたの名前をイニシャルで書いてみよう。

3 友だちにじこしょうかいしよう。

➡ 活動をふりかえってみよう

①じぶんの名前をゆっくりはっきり言えた。	2	1
②イニシャルを正しい発音で言えた。	2	1
③できるだけ多くの人とじこしょうかいできた。	2	1

2（はい）　1（いいえ）

033

■▶Chapter 2　外国語活動が盛り上がる言語活動アイデア・3年編

10 3ヒントクイズに答えよう！
聞くこと

ねらい	英語を聞いてその概要を理解する。
表現例	It's a fruit. It's round. It's red. / It's an anime character. It's blue. It's a cat.
語彙例	animal, vegetable, fruit, anime character, tall, big, round　他
準備物	3ヒントクイズ，ワークシート

時間
15min

　3ヒントクイズは，児童にたくさん英語を聞かせるチャンスを与えるところに良さがあります。ALT がいれば，ALT にクイズを出してもらうとよいでしょう。3ヒントですので，最初のヒントはおおまかなヒントとなり，だんだんと答えが絞られるように作成します。

≫ 指導の流れ

❶ 3ヒントクイズ（練習）を行う。（4分）

　　T：We'll play 3 hints quiz.（と言って，ワークシートを配る）

　　T：I'll give you hints. Listen to the hints and answer it.
　　　　1回練習してみましょう。First hint. … It's an animal.

　C1：何だ？　アナモー？

　　T：Yes. It's an animal. 動物。Second hint. It's big.

　C2：わかった！

　　T：言わないでね。Don't tell. ワークシートの「練習」のところに書きます。
　　　　Third hint. It is grey.

　C3：あ…わかった。

　　T：Write the answer on your worksheet.（答えをワークシートに書いて）

❷ 答えを確認する。（1分）

　　T：Let's check the answer. みんなで。英語で言えるかな？　せーの！

　　C：Elephant!

　　T：Great!! このようにやっていきます。

❸ 3ヒントを行う。（10分）

3ヒントクイズ（例）

No.1　① It's an animal.　② It's brown and yellow.　③ It's tall.（答え：giraffe キリン）

No.2　① It's a vegetable.　② It's round.　③ It's red.　　　　　（答え：tomato トマト）

No.3　① It's a fruit.　② It's round and big.　③ It's red or yellow inside.

　　　　　　　　　　　　　　　　　　　　　　　　　　　　（答え：watermelon スイカ）

No.4　① It's an anime character.　② It's a cat.　③ It's blue.　（答え：Doraemon ドラえもん）

034

3ヒントクイズに答えよう！

Class ▶   Number ▶   Name ▶

⭐①先生がこれからクイズを出すよ。ヒントを出していくので，それを聞いて，当ててね。当たったら１問25点だよ！

	答　え
練　習	
クイズ１	
クイズ２	
クイズ３	
クイズ４	

点

➡ 活動をふりかえってみよう

①一生けんめい，英語を聞こうとしましたか。	4	3	2	1
②ヒントを聞いて，一生けんめい，答えをそうぞうしようとしましたか。	4	3	2	1
③今日のじゅ業は楽しかったですか。	4	3	2	1

4（はい） 3（どちらかというとはい） 2（どちらかというといいえ） 1（いいえ）

035

■▶Chapter 2 外国語活動が盛り上がる言語活動アイデア・3年編

11 え？これ！英語じゃないの？

知識・技能／話すこと［やり取り］

ねらい	外来語の中には，英語でないものがあることを知る。
表現例	What's this? / What's that? / It's 〜. / I don't know.　他
語彙例	bread, pan cake, corn dog, stapler, French fries, sponge cake　他
準備物	イラスト（フライパン，パン，犬，アメリカンドッグ　等），ワークシート

時間 15min

　外来語にはそのままでは，英語として通用しなかったり，発音が違ったりする場合があります。例えば，「パン」と言うと，英語では「フライパン」になってしまいます。「アメリカンドッグ」は英語では「corn dog」（コーンドッグ）と言うのですが，「何が食べたい？」と聞かれ，I like American dogs. と言うと，「アメリカの犬を食べるのか？」となってしまいます。

≫ 指導の流れ

❶ イラストを見せて，英語で何と言うか児童に尋ねる。（12分）

　T：What's this?（と言って，フライドポテトの絵を見せる）

　C：Fried Potato.

　T：フライドポテ？ No, it's not.　What's this in English?

　C：わからない。

　T：わからないときは，What's this?（What's that?）と聞くといいんですよ。

　C：What's that?

　T：Good. It's French fries.

　　（と言いながら，「アメリカンドッグ」「ホットケーキ」「ホッチキス」「ペットボトル」「カステラ」「ズボン」「ランドセル」のような英語ではそのまま通じない外来語を扱う）

❷ ワークシートを配り，★を行い，英語の正しい言い方を教える。（3分）

　T：Now, let's do Star 1. Do you remember? さあ，覚えていますか。

≫ 指導のポイント

この授業を ALT とスキット（寸劇）にして見せることもできます。

　JTE：Oh, I'm really hungry.

　ALT：What would you like to eat, Mr. Takizawa?

　JTE：Oh, I'd like アメリカンドッグ.

　ALT：American dog??? Do you like to eat American dogs?

　JTE：Yes. I like American dogs.

　ALT：（写真を見せる）This is an American dog. Do you really eat American dogs?

036

わからないものは, What's this? と聞こう！

Class ▶　　　Number ▶　　　Name ▶

★1 日本につたわってきたことばの中には，英語でそのまま通じないものがあったね。次の①〜⑨のものは，英語で何と言うかな？（　　　）にカタカナで正しい言い方を書こう。
　＊わからないときは，友だちに What's this? と聞こう。

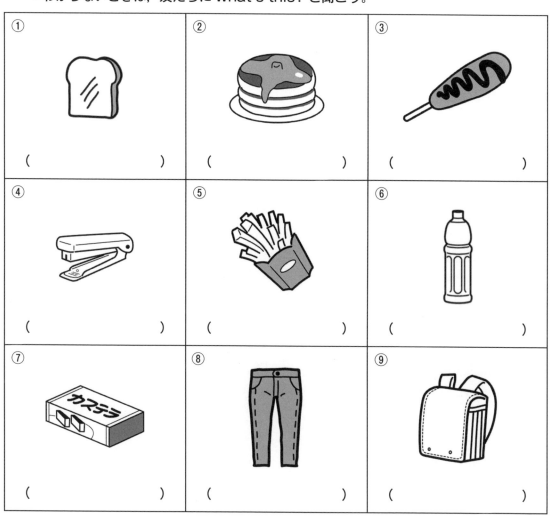

→ ふりかえり　今日のじゅ業の感そうを書こう

■▶Chapter 2　外国語活動が盛り上がる言語活動アイデア・3年編

12 3つのステップで What's this? クイズ！
話すこと［やり取り］

ねらい	「色」や「大きさ」を用いて，伝えたいことが相手に伝わる。
表現例	It's an animal. It's grey. It's big.
語彙例	animal, vegetable, fruit, big, round, tall, medium, long　他
準備物	3ヒントクイズ，ワークシート

時間
15min

　3つのステップで，伝えたいことを英語で伝える学習です。あらかじめクイズの答えを用意（ワークシート①〜⑫）し，その中から1つ選び，3つのヒント（カテゴリー，色，大きさ）だけで答えが導き出せるようにします。友達に当ててもらうことで，相手に自分の思いが伝わったと思わせることができます。

≫ 指導の流れ

❶ 以前やった3ヒントクイズを出す。（5分）

　T：Let's do 3 hint quiz. Hint 1. It's an animal.（**C1**：ああ，動物ね。）

　T：It's tall.（**C2**：トールって何だっけ？）

　T：It's tall.（と言いながら，背が高いをジェスチャーで表す）

　T：Hint 3. It's brown and yellow.（**C**：キリン。）

　T：In English.（**C**：Giraffe.）

　T：That's right. こんなふうに，①最初に何の種類か animal なのか，fruit なのか，vegetable なのか，カテゴリーを言って，その後，②色と，③大きさや形を伝えるといいですね。（必要に応じ，①カテゴリー　②色　③大きさや形　と板書するとよい）

❷ ワークシートを配り，クイズを出しあうように指示する。（10分）

　T：①〜⑫の中から1つ選び，英語でクイズを出します。例えば，It's a vegetable. It's red. It's round. What's this? 何でしょうか。（**C1**：Tomato.）

　T：That's right. こんなふうにクイズを3つ出します。隣の人とジャンケンします。

　C：（ジャンケンする）

　T：Winners? Stand up. Give quizzes. クイズを出します。Losers? Answer the quizzes. 答えます。

　○ある程度の時間で区切り，今度はペアを変えて何回もクイズを出し合うようにする。

≫ 指導のポイント

　英語の授業は点ではなく，線で教えます。つまり，この授業の先には，別の授業が待っています。それが5年生で習う can の登場です。（本書82ページ）

英語でうまくつたえられるかな!?

Class ▶　　　Number ▶　　　Name ▶

1 れいを参考に,「色」や「大きさ」をヒントにして,クイズを出してみよう。

れい)

ステップ① カテゴリ	ステップ② 色	ステップ③ 大きさ
animal vegetable fruit	red blue pink yellow white black brown	big small medium tall long round

039

■▶Chapter 2 外国語活動が盛り上がる言語活動アイデア・3年編

13 英語劇① Three Billy Goats Gruff and the Troll
話すこと［発表］

ねらい	よく知っている物語を英語で聞き，興味をもつ。
表現例	Who are you? / I'm ~. / Don't eat me. / He is bigger than me.
語彙例	walking on the bridge, brother, eat　他
準備物	物語の場面絵

時間
20min

　そろそろ学年末。保護者授業参観で，英語劇をやってみませんか。「3匹のヤギのガラガラドン」の英語版です。なじみのある話であり，繰り返しのある表現が多いので，英語学習にはもってこいの題材です。

≫ 指導の流れ

❶ 絵本「英語版：3匹のヤギのガラガラドン」の話を聞く。（5分）

T：Today, we are going to listen to a famous story in English.

　Gruff 1：ガタゴトガタゴト。

the Troll：Who are you, walking on my bridge?

　Gruff 1：I'm the small Gruff.

the Troll：I'll eat you.

　Gruff 1：Don't eat me. My brother will come soon. He is bigger than me.

the Troll：O.K. Go away!

　Gruff 2：ガタゴトガタゴト。

the Troll：Who are you, walking on my bridge?

　Gruff 2：I'm the medium Gruff.

the Troll：I'll eat you.

　Gruff 2：Don't eat me. My brother will come soon. He is bigger than me.

the Troll：O.K. Go away!

　Gruff 3：ガタゴトガタゴト。

the Troll：Who are you, walking on my bridge?

　Gruff 3：I'm the biggest Gruff.

the Troll：I'll eat you.

　Gruff 3：I'll eat you too.　がお～～～～。

the Troll：Sorry, sorry.

---

❷ 絵本の場面絵を見ながら，登場人物を確認する。（2分）

T：Look at this picture. Who is this?

C 1：ガラガラドン。

T：That's right. But what is the English name?

C 2：Gruff.

T：Great. This is Gruff. Repeat after me. Gruff.

C：Gruff.

T：Who is this?

C 3：Troll.

T：Right. This is Troll. Repeat. Troll.

C：Troll.（登場人物をリピートさせ，完全な聞き役にせず，声を出させるようにする）

❸ 場面絵を見ながら，どんなセリフを言っていたか確認する。（5分）

T：The small Gruff is walking on the bridge. What sound? どんな音？

C：ガタゴトガタゴト。

T：Yes. What is he saying?

Who are you, お前は誰だ？ Who are you, walking on my bridge?

言ってみましょう。Who are you,

C：Who are you,

T：walking on my bridge?

C：walking on my bridge?

T：What is he saying?

I'm the small Gruff. 私は小さなガラガラドンです。（最初の場面のセリフを確認していく）

❹ 場面2は繰り返しが多いので，場面1のセリフを確認するつもりで行う。（5分）

T：Look at this picture. This is a medium Gruff. Repeat. Medium Gruff.

C：Medium Gruff.

❺ 場面3では，最後の展開が異なるので，そこで教師もトロルをやっつけるつもりで，役になりきって行う。（3分）

T：Look at this picture. This is the biggest Gruff. Repeat. Biggest Gruff.

C：Biggest Gruff.

≫ 指導のポイント

　次の時間には，4人グループになり，セリフを読み合わせ，演技をつけるところまでやることを児童に伝え，見通しをもたせます。

■▶Chapter 2 外国語活動が盛り上がる言語活動アイデア・3年編

14 英語劇② Three Billy Goats Gruff and the Troll
話すこと［発表］

ねらい	役割を決め，グループで協力して英語劇に取り組む。
表現例	Who are you? / I'm ～. / Don't eat me. / He is bigger than me.
語彙例	walking on my bridge, brother, eat　他
準備物	前時に使った物語の場面絵

時間
40min

　本時では，前時の復習を行い，登場人物やセリフを確認するところから入ります。その後，「みなさんでこの英語劇をします」と宣言します。4人で1つのグループになりますので，本時では，グループ分けと役を決め，練習させます。

≫ 指導の流れ

❶ 前時の絵本「英語版：3匹のヤギのガラガラドン」の内容を確認する。（6分）

T：Let's remember the story.　Who is this?

C：Troll.

T：Yes. Who is this?

C：Gruff.

T：Small, medium or the biggest?

C：Small Gruff.

T：Yes. What sound?

C：ガタゴトガタゴト。

T：What does the Troll say?

C：Who ...?

T：Good. Who ...?

C：Who are you, ... walking on my bridge?

T：Great. Repeat.　Who are you, walking on my bridge?

C：Who are you, walking on my bridge?

T：What does the small Troll say?

C：I'm the small Gruff.

T：What does the Troll say?

C：I'll eat you.

T：Wow. こわいね。Then what does the small Gruff say?

C：Don't eat me.

T：Good. Repeat.　Don't eat me.

C：Don't eat me.

T：He says, "My brother will come soon. He is bigger than me." 僕よりも大きいよ。

Let's say ….

C：My brother comes soon. He is bigger than me.

❷ 場面1が基本となるので，もう一度，セリフを確認する。（3分）

T：Let's do it again. ガタゴトガタゴト。

C：ガタゴトガタゴト。

T：続けて言える？

C：Who are you, walking on my bridge?（児童だけで言えそうなところは言わせる）

❸ 場面2をやる。（3分）

❹ 場面3をやる。（3分）

❺ 4人グループを作り，役を決めさせる。（5分）

T：Please make a group of four.

（この間に，黒板に役柄が決定したら書けるように場づくりをしておく）

T：役を決めます。決まったら，前の黒板に書きに来てください。

	G1	G2	G3	G4	G5	G6	G7	G8
small Gruff	まこと							
medium Gruff	ゆみ							
biggest Gruff	ひろし							
the Troll	ケン							

❻ セリフを練習する。（20分）

○最初からやりながら，自分のセリフを覚えるようにする。

○ある程度，セリフがスムーズに言えるようになったら，「演技」をつけるようにする。

○劇なので，「立ち位置」「体の向き」「大げさなジェスチャー」を心がけ，英語は，「堂々と言う」ことに注意させる。

≫ 指導のポイント

　英語劇など，児童が自分たちで取り組む際，評価が大切です。あらかじめ，こんな点に注意してやろうということ（評価）を示しておくことが，英語劇の成功を導きます。また，時々「じゃ，全員立って」「1回，演技をつけながらやったら座ります」のように，集団をコントロールし，学習がマンネリ化しないように，飽きないようにします。あとは，小学3年生が英語で劇をしているその姿だけで，誉めるに値することと思いますので，たくさん誉めましょう！

■▶Chapter 2　外国語活動が盛り上がる言語活動アイデア・3年編

15　英語劇③ Three Billy Goats Gruff and the Troll
話すこと［発表］

ねらい	グループで協力して，英語劇を発表する。
表現例	Who are you? / I'm ~. / Don't eat me. / He is bigger than me.
語彙例	walking on my bridge, brother, eat　他
準備物	ワークシート

時間 **45** min

　本時は，発表会です。大事なのは，発表しようとする「気持ち」です。私の場合は本番前に「立って2回。演技をつけてやったら，座ります」と言って，練習時間をとります。このとき，「役になりきって」「堂々とやりましょう」のように，児童に声かけをします。そのような練習をした後に，各グループからの発表タイムとします。

≫ 指導の流れ

❶ 最終練習をさせる。（5分）

　T：発表ですね。各グループ，立って2回。演技をつけ，堂々と演じられたら座ります。
　　　Stand up. Ready Go.
　　　（と言って，児童をできるだけ励まし，誉め，自信をつけさせる）

❷ 発表する。（40分）

　T：では，発表です。先生は指名しません。やりたいグループ，また自信のないグループから前に出てきてやります。もし，この時間内にできなかった場合は，職員室で先生方の前で，演技してもらおうかな？　では，やりたいグループからどうぞ。
　　　（と言って，教師は教室の後ろの方に移動する。できたら，ビデオを撮っておきたい）

　C：はい。

　T：（手を挙げて，先生の方を見るので…）すっと立って，前に出て始めてください。

　C1：ガタゴトガタゴト。

　C2：Who are you, walking on my bridge? …

　T：Big hand! 拍手。Who's next?

≫ 指導のポイント

　できることなら，国語，社会，道徳等，色々な教科，領域で「指名なし発表」のシステムを入れておくとよいでしょう。日常的にやっておくと，「指名なしでいきます」と言うだけで，児童がどんどん立って，意見を言うようになります。指名なし発表の良さは，「児童の主体性を育てることができること」です。他人から指名されてから動くのではなく，「自分から立って発表する」「自分から立って意見を言う」等，自分の意志で動く習慣をつけていきましょう。

英語げきにちょうせん！

Class ▶   Number ▶   Name ▶

★1 英語げきをやってみての感そうを書こう。

★2 ほかのグループの発表を見た感そうを書こう。

Chapter **3** 外国語活動に熱中する言語活動アイデア・4年編

1 天気・気候の英語表現！

知識・技能／話すこと［やり取り］

ねらい 色々な天気・気候の表現に慣れ親しみ，自分の好きな天気・気候が言える。

表現例 How's the weather? / It's snowy. / I like cloudy days.

語彙例 sunny, cloudy, rainy, snowy, windy, stormy, dry, muggy　他

準備物 天気・気候を表す写真（または絵），ワークシート

時間 15min

　天気・気候表現で，教室内で児童間にインフォメーション・ギャップをもたせることはなかなか難しいことです。なぜなら，外を見ればわかるからです。しかし，天気・気候を聞いた後に，「私は雨の日が好き」「私は晴れが好き」のように，好きな天気・気候を伝えあう活動を仕組めば，児童間に，インフォメーションのギャップを作ることができます。

≫ 指導の流れ

❶ 天気・気候を表す写真（または絵）を見せ，天気表現の言い方を知る。（5分）

　T：How's the weather?（と言って，雨が降っている様子の写真を見せる）

　C1：雨。

　T：Yes. Rainy. Repeat. Rainy.

　C：Rainy.（この後，sunny, snowy, windy, cloudy 等を同様の方法で導入する）

❷ 天気・気候を答えた後に，自分の好きな日を相手に伝える。（5分）

　T：How's the weather?（と言って，晴れの写真を見せる）　　**C**：It's sunny.

　T：Do you like sunny days?　　**C**：Yes. I like sunny days.（**C**：No. I don't like sunny days.）

❸ ワークシートを配付し，★を行う。（5分）

　T：★の①〜⑥の天気の中から2つ選び，1つは○を，もう1つは△を数字の横に書きましょう。（児童は○，△を書く）

　T：○は今のあなたがいる場所の天気だとします。△はあなたが好きな天気です。今から，友達と天気を聞いた後，好きな天気を伝えあいましょう。

≫ 指導のポイント

　小学校外国語活動のねらいは，「慣れ親しむこと」です。完璧を求める必要も，言えるようにさせることも，定着させることも必要ありません。とにかく本時であれば，天気・気候の言い方を知り，好きな日を相手と伝えあい，その上で，「ああ，○○さんは，雨の日が好きなんだ」と1人1人の違いを知り，「なんで好きなんだろう」と相手に興味をもってもらえればOK です。

046

君はどんな日が好き？　～天気・気候の英語表げん～

Class ▶　　　　Number ▶　　　　Name ▶

★1 ①～⑥は天気，⑦～⑫は気候の様子を表しているよ。
天気・気候を表す英単語を，声に出して言ってみよう！

★2 天気を答えたら，どんな日が好きか付け足して言ってみよう！

A: How is the weather?
B: It's cloudy.
　 I like sunny days.

047

■▶Chapter 3　外国語活動に熱中する言語活動アイデア・4年編

2 遊びに誘おう！　〜これは何の遊び？〜

知識・技能

ねらい	世界には色々な遊びがあることに気づき，世界の遊びに興味をもつ。
表現例	Let's play games. / Yes, let's.
語彙例	cat's cradle, hide and seek, musical chair, cop and robbers　他
準備物	日本で行われている遊びの絵や写真（または実物），ワークシート

時間
15 min

　世界には色々な遊びがあり，また日本の遊びと似ているものがあります。例えば「Red light. Green light（赤信号，青信号）」は，Green light. のときに前に進み，Red light. で止まる遊びで，アメリカ版「だるまさんがころんだ」です。韓国では，「Flower is open.（花が開いた)」，オーストラリアでは，「LONDON（ロンドン)」と呼ばれる同じような遊びがあります。

≫ 指導の流れ

❶ 日本での遊びを紹介する。（5分）

　T：Let's play games.　What's this?（と言って，ドッヂボールをやっている絵を見せる）

　C：ドッヂボール。

　○最初は簡単に言えるような遊び名から入り，だんだんと「あやとり」や「けいどろ」などを紹介し，英語名を教えていく。

❷ 世界の遊びを紹介する。（5分）

　T：This is an American game.　Red light. Green light.　What's this?

　C：だるまさんがころんだ？

　T：Yes. It's だるまさんがころんだ in Japan.　In English, Red light.　Green light.

　○世界の遊び（インド「カバディ＝鬼ごっこ」やアメリカ「Duck Duck Goose ≒ ハンカチ落とし」等）を映像で見せられるとよい。

❸ ワークシートを配り，遊びの英語名を知る。（2分）

　T：Look at the worksheet.　Repeat after me.（と言って，英語名で言わせる）

❹ ジェスチャーゲームをする。（3分）

　T：Make pairs.　Do janken.　Winners make gestures.　Losers guess the game.

　○じゃんけんに勝った人が遊びのジェスチャーをして，負けた人が当てる。

≫ 指導のポイント

　英語学習では語彙が大切です。語彙を知らなければ，英語を話せません。そこで語彙集を児童に渡します。その後の展開は教師の持ち味を発揮する恰好の場です。例えば❹のように，友達に遊びを誘い，Yes, let's. という返事がいくつもらえるか競い合ってもよいでしょう。

048

いっしょに遊ぼう！ ～世界の遊び・日本の遊び～

Class ▶　　　Number ▶　　　Name ▶

⭐1 いろいろな遊びを英語で言ってみよう！

□①  Duck Duck Goose （アメリカ）	□②  Kabaddi （インド）	□③  Let's eat a tail. （中国）	□④ Red light, Green light. （アメリカ）
□⑤  Cops and Robbers	□⑥  hide and seek	□⑦  musical chairs	□⑧  cat's cradle
□⑨  *shogi*	□⑩  dodgeball	□⑪  cup and ball	□⑫  card

⭐2 友だちを遊びにさそって，いくつOKがもらえるかな？
Yes, let's. や O.K. をもらったら，□に✔を入れよう。

A : Let's play cat's cradle.
B : Yes, let's. （うん。やろう！）／ O.K. （いいよ）
　　Sorry. （ごめん）

■▶Chapter 3 外国語活動に熱中する言語活動アイデア・4年編

3 ジェスチャーゲーム！ ～何しているのかな？～
知識・技能／話すこと［やり取り］

ねらい	ジェスチャーゲームを通じ，動作を表す語に慣れ親しむ。
表現例	Jump. / Run. / Stand up. / Shuffle the cards.　他
語彙例	walk, jump, stop, run, throw a ball, stand up, sit down　他
準備物	動作の絵カード，ワークシート

時間
15min

　授業はシンプル イズ ベストです。今回の動作を表す語彙ではペアになり，片方がジェスチャーで動作をし，もう片方の子が，相手が何をしているか英語で言って当てる活動で，無理なく指導することができます。また時間内にいくつ当てられるかで競ってもいいでしょう。その逆も可能です。その場合片方がStand up.と言えば，相手は立ちます。

≫ 指導の流れ

❶ 教師の指示を聞いて児童は動作する。（5分）

T：Everyone, stand up.（児童は立つ）

　　Walk.　（と言いながら，教師は歩くマネをする。すると児童もその場で歩く）

　　Jump.　（と言うと，児童は跳び上がるだろう。調子に乗って…）

　　Jump 3 times.　（児童は3回ジャンプする）

　　Throw a ball.　（児童はきょとんとするだろう。そこで教師がパントマイム風にボールを投げるふりをする）

❷ 動作の絵カードを見せながら，英語での言い方を教える。（5分）

T：Look at this. Stand up. Repeat.　　C：Stand up.

T：Run.　　　　　　　　　　　　　　C：Run.

❸ ワークシートを配り，ジェスチャーゲーム（★）をする。（5分）

T：Make pairs.（と言って，黒板に向かって左側にいる人がジェスチャーをする）

○時間を30秒ほどとり，その間に，いくつ当ててもらえたかで競う。

○隣とペアを組んだ後，前後左右の人と席を交換し，数回行えるとよい。

≫ 指導のポイント

　Total Physical Response（全身反応教授法）という指導法があります。英語を聞いて，指示に従ったり，言われたとおりに行動する学習法です。児童は「聞くこと」に集中し，話すことへの強制はありませんので，英語学習者の入門期や話すことを苦手としている児童には，適している学習法です。Simon Says（サイモンセッズ）は，その代表的な遊びです。

050

この動作，英語で言えるかな？

Class ▶　　　Number ▶　　　Name ▶

★1　①〜⑯の中から動作を選び，ペアに向かってジェスチャーしてみよう。いくつ当ててもらえるかな？　ペアの人は，英語で言おうね。

★2　ジャンケンに勝った人は，相手に3つ命令ができます。

■▶Chapter 3 外国語活動に熱中する言語活動アイデア・4年編

4 文房具一覧！ ～英語で言ってみよう～

知識・技能／話すこと［やり取り］

ねらい	文房具を表す語に慣れ親しむ。
表現例	Do you have a pen? / How many pens do you have? / I have two pens.
語彙例	pen, pencil, ball-point pen, scissors, stapler, ruler, glue　他
準備物	文房具の実物（またはイラスト），ワークシート

時間
15min

　日本語の中には，かなり多くの「和製英語」があります。そして児童は，それが和製英語と知らず，英語だと思い，通じると思いがちです。例えば，「ボールペン」を見せて，英語で何と言うか尋ねると，そのまま「Ball pen」と言ってくるでしょう。そこで，ball-point pen と教えることで，「ああ，日本で言っているのと違うんだな…」と気づきが生まれます。「蛍光ペン」は英語では，highlighter と言います。

≫ 指導の流れ

❶ 身の回りの文房具を見せながら，児童に尋ねる。（5分）

T：What's this?　C：Pen.

T：Yes. It's a pen. Do you have a pen?

C：Yes!

T：What's this?（と言って，ボールペンを見せる）

C：Ball pen.

T：Good guess. But it's not a ball pen. It's a ball-point pen.

❷ ワークシートを配り，文房具の言い方（★）を教える。（5分）

T：Look at No.1. Repeat. Pen.　C：Pen.

T：Pencil.　C：Pencil.

❸ いくつ持っているか（★）尋ねあう。（5分）

T：Do you have a pen? I have one, two, three. Three pens. How many pens?

C：I have two pens.

T：友達に持っているかどうか尋ねた後，いくつ持っているか聞いてみましょう。

≫ 指導のポイント

　文房具の言い方に慣れ親しむのが本時のねらいですが，児童は習ったことを使って英語で「聞いてみたい」「言ってみたい」と思うはずです。しゃべりたいのです。文房具はたいてい学校に持ってきていますので，Do you have a red pencil? と聞いた後，How many red pencils? と尋ね，インフォメーションにギャップをもたせましょう。

052

文ぼう具の英語表げん

Class ▸   Number ▸   Name ▸

⭐1 次の文ぼう具を英語ですらすら言えるようになろう！

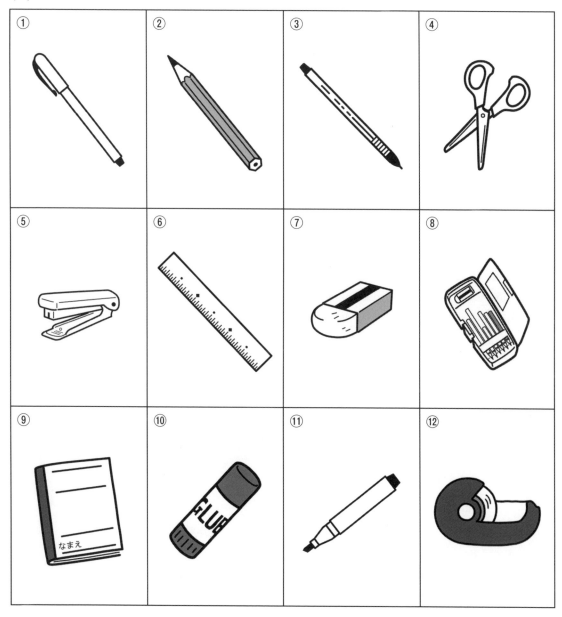

⭐2 友だちに持っているかどうか英語でたずねよう。その後，いくつ持っているか聞いてみよう。

A : Do you have a red pencil?   B : Yes, I do.
A : How many red pencils?   B : I have two red pencils.

■▶Chapter 3 外国語活動に熱中する言語活動アイデア・4年編

5 英語ゲーム ～持っているものを当てたら勝ち～
話すこと［やり取り］

ねらい	文房具を表す語に慣れ親しむ。
表現例	Do you have a pen? / Yes, I do. / How many cards?
語彙例	scotch tape, highlighter, scissors, stapler, ruler, glue 他
準備物	文房具カード（人数分×5枚）

時間 10min

　文房具カードを1人5枚ずつ配ります。友達とジャンケンします。勝った人は3回，Do you have a pen? Do you have an eraser? Do you have a ball-point pen? と英語で尋ねます。もし，相手が持っていたら，そのカードがもらえます。

≫ 指導の流れ

❶ 文房具カードを1人5枚ずつ配る。（2分）
　T：I'll give you the stationery cards. Do not show your cards to your friends.

❷ ゲームのやり方を説明する。（8分）
　T：Find your partner and do janken. Winners ask "Do you have a …. pen?" Losers answer the question, "Yes, I do". or "No, I don't". If you have the card, you have to give it to your partner. Let me show you how?
　（と言って，近くの児童と1回ゲームをやってみる）
　Do janken. Rock, scissors, paper. One Two Three. I win. Do you have a pencil?
　C：Yes, I do.
　T：Thank you. Give me the card.
　C：Here you are.
　T：Thank you. Do you have a scotch tape?
　C：No, I don't.
　T：3回まで質問できますので…。最後，Do you have a highlighter?
　C：Yes, I do. Here you are.
　T：同じカードを2枚以上持っている場合は，1枚だけあげればいいです。

≫ 指導のポイント

　英語ゲームのポイントは，やり方がシンプルということと，"意外性"です。このゲームが終わった後に，"How many cards?"と聞き，カードの枚数を聞きます。そして一番多くとった人に拍手を送った後，「実は，右上にある数字があるでしょ。それがそのカードのポイントです」と言うと，逆転現象が生まれます。児童は「もう1回やろう！」と言ってきます。

[英語ゲーム用カード]

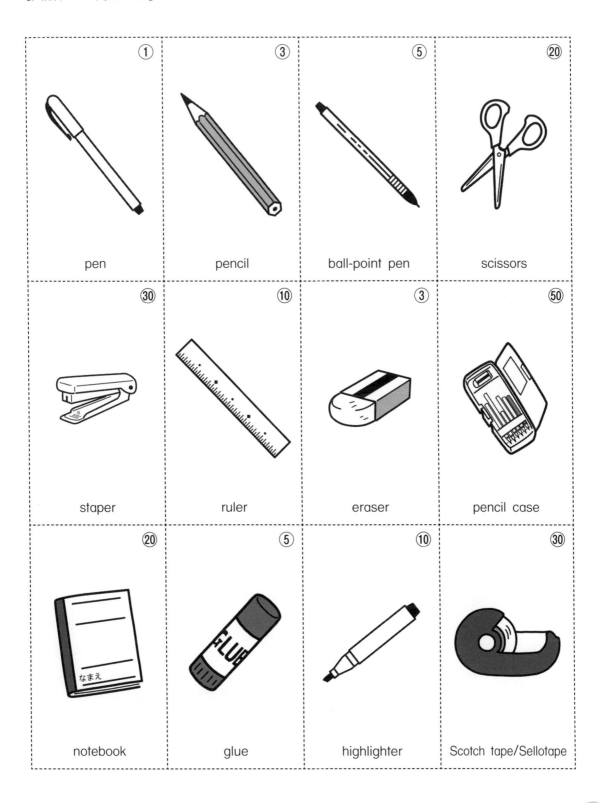

6 Who am I クイズ！ ～英語でクイズを出そう～

話すこと［やり取り］

ねらい	Who am I クイズを通し，have の使い方に慣れる。
表現例	I am big. / I have big ears. / Who am I?
語彙例	身体の英語（neck, mouth, ear, nose, leg）他
準備物	3ヒントクイズ（Who am I?），ワークシート

時間 15min

「持っている」「持っていない」を使ってできる活動に，動物クイズがあります。I'm an animal. I am big. I am grey. I have a long nose. のように，小学校3年で学習した「色」や「大きさ」の復習を兼ねて，クイズを出します。これにより，have / don't have の言い方に慣れ親しませます。

≫ 指導の流れ

❶ ヒントクイズ Who am I?（私は誰でしょう）を出す。（5分）

T：I'll give you 3-hint quiz. I am an animal. I am big. I am grey. I have big ears. I have a long nose. Who am I?

C：わかった。ゾウ。

T：Right. こんなクイズを出しますので，答えをワークシートに書きます。
（と言って，4問クイズを出す）

No.1 I am an animal. I am tall. I am yellow and brown. I have a long neck.（キリン）
No.2 I am an animal. I am not big. My eyes are red. I have long ears.（ウサギ）
No.3 I am an animal. I am big and heavy. I have a big mouth. I have small ears.（カバ）
No.4 I am an animal. I am long. I have no legs. I have a long tongue.（ヘビ）

❷ 友達に Who am I クイズを出す。（10分）

T：Look at the Star 2 on your worksheet. 友達に Who am I クイズを出します。3つ当ててもらったら座りましょう。
○ペアで机を向かい合わせる。ジャンケンし，負けた人は立つ。クイズを3つ出し，3つ当ててもらったら座る。
○その後，席を右に1つずれ，今度は違う人と行う。

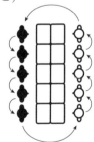

≫ 指導のポイント

英語授業には隠れた授業ルールがあります。今回のように，何度も何度も同じことを繰り返させたいときは，ペアをどんどん変えていく方法があります。

動物クイズを出して当ててもらおう！

Class ▶　　　　Number ▶　　　　Name ▶

★1 3ヒントクイズを聞いて，何だか当てよう。

No.1 (　　　　　　　　　　)　　No.2 (　　　　　　　　　　　　)
No.3 (　　　　　　　　　　)　　No.4 (　　　　　　　　　　　　)

| leg | nose | neck | mouth | ear |

★2 次の①〜⑧の中から3つ選び，友だちにクイズを出そう。
　　3つとも当ててもらったら，すわろうね。

① elephant　② giraffe　③ hippotamous　④ penguin
⑤ snake　⑥ rabbit　⑦ octopus　⑧ squid

057

■ ▶ Chapter 3　外国語活動に熱中する言語活動アイデア・4年編

7 アルファベットの小文字はこんなふうにできたんだ！
知識・技能

ねらい	小文字がどのようにできたかを知り，小文字への認識を深める。
表現例	なし
語彙例	アルファベットの小文字
準備物	小文字が大文字から変化してきた絵，ワークシート

時間 10min

　アルファベットの大文字は，ギリシャ文字から変化してできましたが，小文字はどうやってできたのでしょうか。小文字の成り立ちは，小文字の認識（例えば，Dがdになる）を深めることとなります。なお，bとdが混乱する児童には，左手と右手で○をつくり，a-b-c-dと，指で教えてみるのも1つの方法です。

≫ 指導の流れ

❶ アルファベットの小文字は，大文字が変化してできたことを知る。（3分）
　T：Look at this. What's this?（と言って，アルファベットを見せる）
　C：A?
　T：Yes. How about this?（と言って，アルファベットの小文字 a を見せる）
　　　This letter has changed into ...
　　　（と言って，パラパラめくる感じで文字の変化の様子を見せる）

　T：小文字は大文字の一部が変化してできたんです。
❷ ワークシートを配り，文字の成り立ちについて推測する。（7分）
　T：Look at the Star 2. 大文字から小文字への変化は，主に3つです。1部が消えていくもの。2つ目は，一部がくっつくもの。3つ目は，1部が伸びていくものの3つで変化してきました。では，次の3つの文字はどのように変化したのか，□に書いてみよう。
　C：たぶん，こうなる…。
　　　（終わったら…）
　T：友達と見合ってごらん。

≫ 指導のポイント

　ワークシートの☆は，① h ② e ③ ♂ ♂ となり，☆は，ℜ ℜ となります。

アルファベットの小文字はこんなふうにできた！

Class ▶　　　　Number ▶　　　　Name ▶

⭐1 アルファベットの小文字は，大文字を変化させていってできた文字です。
小文字の a は，大文字の A が次のように変化してできました。

⭐2 次の文字は，どんなふうに変化したら，小文字のアルファベットになるのかな？　想そうして書いてみよう。

① 一部が「消える」

H → H → ☐ → h

② 一部が「くっつく」

E → E → ☐ → e

③ 一部が「のびる」

D → ⟩ → ☐ → ☐ → d

⭐3 次のアルファベットは上の３つの変化の仕方のどれをつかったら，小文字のアルファベットになるかな。変化の様子を書いてみよう。

R → ☐ → ☐ → r

▶Chapter 3 外国語活動に熱中する言語活動アイデア・4年編

8 身の回りのアルファベット小文字を探そう！
知識・技能

ねらい	身の回りで使われているアルファベットの小文字に気づく。
表現例	なし
語彙例	アルファベットの小文字
準備物	小文字の入っている看板，ワークシート

時間 15min

小学校3年生では，アルファベットが身近に使われていることに気づかせるために，お店の看板を使いました。(本書30ページ)今回は，小文字に興味をもたせるために，同じく看板や食べ物，飲み物等，表示のアルファベットに目を向けさせてみましょう。

≫ 指導の流れ

❶ 身近にある看板を見せ，何か違いを見つける。(5分)
  T：Look at this. What's this?
    (と言って，右のような写真を見せる)

  C1：セブン―イレブン！
  T：That's right. This is a sign, 看板, セブン―イレブン.
        T：How about this?
    C2：ファミリーマート。
        T：Yes. 何かこの2つを見て，気づくことある？
    C3：セブン―イレブンは大文字で書いてある。
  C4：でも，セブン―イレブンの最後の文字は，大文字じゃないよ。
  C5：ファミリーマートは，大文字が2つある。
❷ ワークシートを配り，身の回りにたくさんアルファベットがあることを知る。(3分)
    T：Look at the Star 1. 看板に何と書いてあるかカタカナで書いてみよう。
  C1：わかった！
❸ ☆, ☆をやり，小文字が身の回りでもたくさん使われていることを知る。(7分)
    T：Look at the Star 2. 食べ物の商品名にも小文字が使われているね。何て書いてある？
    T：Look at the Star 3. その他にも小文字が使われているものを探して，持って来ましょう。

≫ 指導のポイント

小文字では，aやgの形が，フォントの形で違います。児童の中には，aとɑ, gとgが別の文字だと思ってしまう児童もいます。この両者は同じであるということを教えておきましょう。

身の回りでアルファベットをさがそう！

Class ▶　　　　　Number ▶　　　　　Name ▶

1 みなさんの身の回りには，たくさんのアルファベットを見かけるね。

次の①，②のお店のマークを見て，英語で書いてある部分は何と書いてあるか，カタカナで書いてみよう。

①

②

① (　　　　　　　　　　　　　)　　② (　　　　　　　　　　　　　)

2 今度は食べ物にあるアルファベットだよ。何て書いてあるのかな？

①

②

③

④

① (　　　　　　　　　　　　　)　　② (　　　　　　　　　　　　　)

③ (　　　　　　　　　　　　　)　　④ (　　　　　　　　　　　　　)

3 ほかにもあるかな？

(

)

家に帰ったら，アルファベットの小文字を見つけてみよう！　切り取って持って来てね。

061

9 小文字パズル！
知識・技能

ねらい	パズルで楽しみながらアルファベットの小文字に慣れ親しむ。
表現例	なし
語彙例	アルファベットの小文字
準備物	小文字カード，目隠しカード，ワークシート

時間 15min

文字に慣れ親しむための方法はたくさんあります。文字の一部を隠し，What's this? と尋ね，推測しながら答えられれば，読めたということになります。例えば，yという文字の下の部分を隠すと，vにも見えます。今回は，パズルを通して小文字に慣れ親しませようと思います。

≫ 指導の流れ

❶ 文字の一部を隠して，提示し，どんな文字か当てるゲームを行う。（3分）
　T：Look at this. What's this?（と言って，右のようなカードを見せる）
　C1：h?
　C2：m?
　C3：n?
　T：Let's see. One two three! 当たった人？　文字を当てることができたら1点です。
　　（5つの小文字を，一部を隠しする。例：u g b z j など）

❷ ワークシートを配り，★に取り組む。（7分）
　T：Look at the Star 1.
　　大文字と小文字のペアを消していくと，見つからない小文字が4つあります。
　　それを3分以内で見つけましょう。

❸ ★で抜けているアルファベットを4つ見つけ，並べ替え犯人を見つける。（5分）
　T：Look at the Star 2. 何だか，ケーキが食べられてしまったみたいです。①〜④のアルファベットから，それぞれ1文字ずつ，見つからない文字があります。それらを並べ替えると犯人が見つかるらしい。今度は5分以内で，犯人を見つけてみよう。

≫ 指導のポイント

★では，アクティブ・ラーニングの手法で，グループで行わせてもいいでしょう。4人グループになり，1か所ずつ割り当てます。またペアでやれば，①②を1人の児童が，③④をもう1人が担当し，その後，見つからなかった文字を合わせ，答えに導く方法も考えられます。

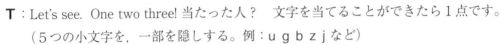
〈ワークシートの答え〉　★　f, l, q, r　★　Yuki（ユキ）

小文字パズル！

Class ▶　　　　Number ▶　　　　Name ▶

★1 2つのボックスにある大文字・小文字のペアを／で消していきましょう。すると残ってしまう大文字が4つあるよ。その小文字は何かな。

（見つからなかった4つの小文字）

★2 机の上にあったケーキがなくなっているよ。だれが食べたんだろう。次のアルファベットでぬけている文字をならべかえるとはん人が見つかるぞ！

① gyzifmrsncdevoqptwxajlbhu

② cgjtakmdnoiqrpsyvbxzelhfw

③ bjfgzhclmkxspdrtuvewianoq

④ agtuvekhjcwxdfmyznrsqoplb

063

■▶Chapter 3 外国語活動に熱中する言語活動アイデア・4年編

10 教科名でビンゴゲーム
話すこと［やり取り］

ねらい	教科名を知り，好きな教科を英語で説明する。
表現例	What subject do you like? / I like math.
語彙例	教科名（Japanese, math, social studies, science, English　他）
準備物	9教科の教科書，ワークシート

時間 **15**min

　児童は身近な事柄については興味・関心を示し，積極的関与も行いやすくなります。本時は，教科の名前を英語で言い，どの教科が好きか，既習語彙の like を使って表現します。

》 指導の流れ

❶ 教科書を見せながら，英語で教科名をどのように表現するか知る。（5分）

　T：Look at this textbook. What subject is this?（と言って，理科の教科書を見せる）

　C1：理科。

　T：Yes. This is 理科.　How do you say "理科" in English?

　C2：I don't know.

　C3：Science.

　T：That's right. This is "science".　（他の教科もこのように教えていく）

❷ 好きな教科を尋ねる。（5分）

　T：What subject do you like?

　C1：Math.

　T：I like math.

　C1：I like math.

　T：How about you, Miki?

　C2：I like music.　（好きな教科を英語で尋ねていく）

❸ ワークシートを配り，簡単に教科名を振り返った後，☆を行う。（5分）

　T：今から友達に What subject do you like? と質問し，好きな教科を聞いてみましょう。好きだと答えた教科は〇をしましょう。先生がやめと言うまで友達に質問します。いくつビンゴができるでしょうか。

》 指導のポイント

　I like ….（私は〜が好きです）は，非常に慣れ親しんでいる文型です。その…の部分に，新しく学習した語彙を入れれば，自己表現の幅が増えます。また，What … do you like? という表現も積極的に使っていくことで，定着は求めずとも，表現に慣れ親しませることができます。

教科名ビンゴ

Class ▶　　　Number ▶　　　Name ▶

⭐1 友だちに次の①～⑨の教科の中で，好きな教科を英語で聞き，○をします。先生がやめと言うまで聞いていき，いくつビンゴができるかちょう戦してみよう！

⭐2 自分の好きな教科と好きでない教科を例にならって言ってみよう。

例）

I like English.
I don't like math.

065

■▶Chapter 3 外国語活動に熱中する言語活動アイデア・4年編

11 学校内の色々な場所！変形ビンゴで

話すこと［やり取り］

ねらい	学校内の場所の英単語に慣れ親しみ，自分の好きな場所を伝える。
表現例	What's your favorite place? / I like the music room.
語彙例	教室等（classroom, teachers' room, nurse's room, gym, music room　他）
準備物	学校内のレイアウト，教室を表すイラスト，ワークシート

時間 15min

　学校内の色々な場所は，児童にとって身近な場所です。その身近な場所を英語でどのように表現するのかを学び，語彙に慣れ親しませます。また，自分の好きな場所やその理由を伝えることで，インフォメーション・ギャップを生み，友達を深く知ることにつなげます。

≫ 指導の流れ

❶ 学校内のレイアウトを示し，どこに何があるか確認し，語彙を導入する。（5分）

　　T：Look at this layout. Here is a teachers' room. Teachers' room.

　　C1：職員室。

　　T：Yes. This is a teachers' room. What's this?

　　C2：トイレ。

　　T：Yes. A restroom. Repeat. Restroom.

　　C：Restroom.

nurse's room			teachers' room

			restroom

❷ イラストカードを用い，学校内の様々な場所について児童に見せながら，その場所が好きかどうかを尋ね，またその理由も聞いてみる。（5分）

　　T：What's this?　　　　　　　　　C1：Computer room.

　　T：Do you like computer rooms?　　C1：Yes. I do.

　　T：Why?　　　　　　　　　　　　 C1：I like computers.

　　T：What's your favorite place?　　 C2：I like the music room.

❸ ワークシートを配り，❶で好きな場所を○し，❷で「変形ビンゴ」を行う。（5分）

　　T：What's your favorite place? と尋ね，相手の好きな場所を○していきましょう。○が縦，横，斜めに1列揃ったら，ビンゴです。いくつビンゴができるかな？

≫ 指導のポイント

　favorite（大好きな）という語彙は，なかなか児童にとっては難しい語彙です。そのような場合は，とにかく教師から児童に，多くの favorite という語彙を聞かせることを重視することに専念し，決して無理をして，言えるようにさせると思わないようにしましょう。まずはたくさん聞かせ，その中で，だんだんと身についていけばよいという偶発的学習をねらいましょう。

066

学校内の色々な場所ビンゴ

Class ▶　　　Number ▶　　　Name ▶

⭐1 あなたの好きな場所を2つ選び，大きく〇をつけよう。

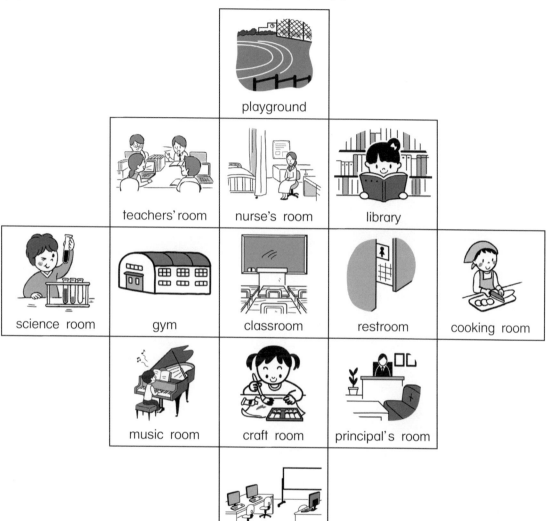

⭐2 今から，友だちに好きな場所を聞き，〇をつけていくよ。〇が，たて，横，ななめにそろったらビンゴだよ。いくつビンゴができるかな？

例）　　A: What's your favorite place?
　　　　B: My favorite place is a gym.

■▶Chapter 3 外国語活動に熱中する言語活動アイデア・4年編

12 学校内を案内しよう

話すこと［やり取り］

ねらい	学校内の色々な場所を案内してみよう。
表現例	Go straight. / Turn right. / Stop. / It's on your left.
語彙例	教室等（computer room, restroom, science room, library 他）
準備物	ワークシート

時間
10 min

　道案内の第一歩です。4つの表現（① Go straight. ② Turn right. ③ Stop. ④ It's on your left.）を使って，ペアで案内しあいます。ポイントは，Go straight.（まっすぐに行って）と言われたら，次の足あとマークまで進み，そこでいったん止まるようにします。なぜならまだ，Go straight for two blocks.（2ブロック進んでください）のような表現を習っていないので，この方法により，どこまでいくのか明確にしたいからです。

≫ 指導の流れ

❶ ワークシートを配り，教師の案内を聞き，どの部屋を紹介しているのかたどる。（5分）

T：This is Midori Elementary School. みどり小学校です。

　　Look at the layout of the school.

　　今から先生がみんなを案内をします。Go straight. と言ったら，足あとマークまで進みます。先生が案内しますので，どこの部屋にみんなを案内するか，たどって行ってみてください。Go straight. と言ったら，足あとマークでいったん止まるんですよ！

T：You are here. みんなは，男の子と女の子のイラストのところにいます。

　　You are here. Go straight. Go straight. Stop. It's on your left.

　　さあ，どこに行ったかな？

C：Computer room.

T：Good.

❷ ペアで，案内ゲームを行う。（5分）

T：Make pairs. The students sitting on the left. Stand up.

C：（左側に座っている人は立つ）

T：場所を案内します。1分間時間をとりますので，うまく伝えてみましょう。

≫ 指導のポイント

　小学校4年生の案内では，Go straight.（まっすぐ行ってください）という表現のみで，Go straight for two blocks.（2ブロック行ってください）は，小学校5年生で学びます。そこで，まっすぐ行くにもどこまで行けばよいかわかるように，「足あとマーク」があるのです。

068

校しゃ内を案内してみよう

Class ▶　　　　Number ▶　　　　Name ▶

⭐ 次のような英語を使って，色々な場所を英語で案内してみよう。
　例）　Go straight.（で，👣マークまで進み，止まる）
　　　　Turn right. / Turn left.（で，右／左に曲がる）
　　　　Stop.（で，止まる）
　　　　It's on your right / left.（右手／左手にあります）

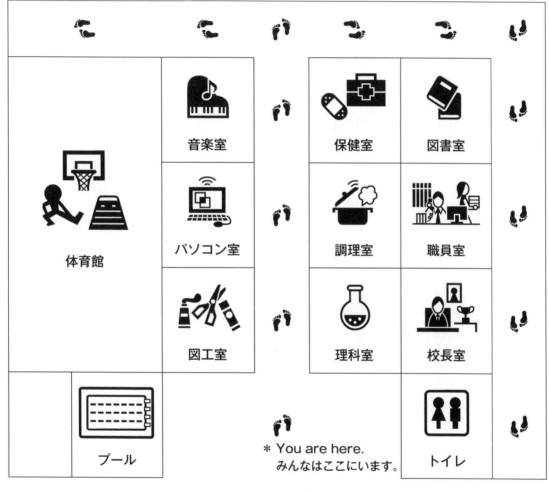

＊You are here.
　みんなはここにいます。

069

■▶Chapter 3　外国語活動に熱中する言語活動アイデア・4年編

13　1日の様子を表す英単語 de カルタゲーム
知識・技能

ねらい	1日を表す英語表現に慣れ親しむ。
表現例	なし
語彙例	日課（wake up, get up, eat breakfast, go to school　他）
準備物	動作の絵カード，カルタカード（ペアで1セット），ワークシート

時間
15 min

　起きてから寝るまでの1日を英語で追ってみたいと思います。細かく言うと，歯を磨いたり，服を着替えたりしますが，それらの英語表現は中学校での学習に譲るとし，比較的，日常的で簡単と思える語彙を選び，児童に与えます。本時は語彙の習得になります。

≫ 指導の流れ

❶ 動作の絵カードを用い，1日の様子を表す英語を導入する。（5分）

T：Look at this. Yumi eats breakfast. Repeat. Eat breakfast.

C：Eat breakfast.

T：It's noon. eat lunch.

C：Eat lunch.

❷ カルタを行う。（8分）

T：Let's play the karuta game. Make pairs.

C：（ペアになり，机を向かい合わせる）

T：Do janken. Losers, come here.

C：（じゃんけんに負けた人はカードを取りに来る）

T：Spread the cards on your desks.

　　　やり方は簡単です。先生が言う英語に合うカードを取ります。

　　　（と言って，始める）

❸ ワークシートを配付し，❶の「1日の英語表現」を振り返る。（2分）

T：Look at the worksheet. Let's say the words. Repeat. Wake up.

C：Wake up.

≫ 指導のポイント

　Total Physical Response（動作反応教授法）に準じ，いったん英語表現を教えた後は，動作（ジェスチャー）を用いて，語彙に慣れ親しませたいです。ペアになり，片方が，Get up. と言えば，もう片方が起きあがる動作をすると，体で覚えることができます。私はこれを「博士ゲーム」と言い，I am Hakase. You are my robot. と言って，命令文ゲームで使いました。

070

この動作，英語で言えるかな？

Class ▶   Number ▶   Name ▶

⭐ ①～⑯の１日の動作を英語で言ってみよう。

➡ 発てん　Hakase ゲーム

I am Hakase. You are my robot. と言って，相手に命令してみよう。

■▶Chapter 3 外国語活動に熱中する言語活動アイデア・4年編

14 何時に何する？
聞くこと／話すこと［やり取り］

ねらい	教師や友達の１日を聞き，時間を聞き取る。
表現例	What time do you get up? / I get up at 6:15.
語彙例	日課（get up, go to school, go home, have dinner, go to bed）
準備物	絵カード，「先生の１日」ビデオ，ワークシート

時間 **20**min

　教師の１日をインタビューしたビデオを撮り，それを教室で見せます。このねらいの１つは，何度もターゲットとする英文を聞かせることと，もう１つは，教師の１日を聞くことで，教師の意外な面（「え？そんなに遅く家に帰るの？」等）に気づかせることにあります。ビデオを撮るのはハードルが高いように感じますが，今ではデジタルカメラでも撮れる時代です！

≫ 指導の流れ

❶ ワークシート☆……ビデオを見て「先生の１日」を聞き取る。（10分）

T：Now, I'll show you a video. Who do you want to watch?

C：Maki-sensei.

T：OK. Let's watch it and listen what time she gets up, what time she goes to school, what time she goes home, what time she has dinner and what time she goes to bed. Write the time on your worksheet.（聞き取らせる５つの時刻の絵カードを黒板に貼るとよい）

❷ 児童の１日を英語で尋ね，質問の言い方を知る。（5分）

T：What time do you get up? What time do you get up?（ゆっくり２回程度聞かせる）
　　O.K. Kenta, what time do you get up?　　**C**：I get up at 6:15.

T：Good. What time do you go to school?　　**C**：I go to school at 8:10.

❸ ワークシート☆……友達にインタビューする。（5分）

T：Now, it's time to ask your friends. Before interview, you write the time you do. What time do you get up, everyone? Write the time on your worksheet.

≫ 指導のポイント

　インタビューで撮影するときは，できれば，教師が言った時間を繰り返してあげるとか，Pardon. と言って，もう一度言ってもらう等，児童がワークシートに時間を記入する時間を確保してあげるといいです。例えば，A: What time do you get up? B: I get up at 6:15. A: Oh, 6:15? B: Yes. のように，時間を繰り返してあげると，児童がワークシートに記入する時間が保障されます。

072

先生の１日と友だちの１日

Class ▸   Number ▸   Name ▸

❶ 先生の１日をしょうかいするよ。聞き取って，（　：　）に時間を書こう。

	get up	go to school	go home	have dinner	go to bed
先生	（　：　）	（　：　）	（　：　）	（　：　）	（　：　）
先生	（　：　）	（　：　）	（　：　）	（　：　）	（　：　）
先生	（　：　）	（　：　）	（　：　）	（　：　）	（　：　）
先生	（　：　）	（　：　）	（　：　）	（　：　）	（　：　）

❷ 例にならい，友だちに何時にするか質問し，時間を（　：　）に書こう。

例）A: What time do you get up?

B: I get up at 6:00.

	get up	go to school	go home	have dinner	go to bed
あなた	（　：　）	（　：　）	（　：　）	（　：　）	（　：　）
	（　：　）	（　：　）	（　：　）	（　：　）	（　：　）
	（　：　）	（　：　）	（　：　）	（　：　）	（　：　）
	（　：　）	（　：　）	（　：　）	（　：　）	（　：　）

■▶Chapter 3　外国語活動に熱中する言語活動アイデア・4年編

15 自分の1日を英語で紹介しよう！
聞くこと／話すこと［発表］

ねらい	自分の1日を英語で友達に紹介する。
表現例	What time do you get up? / I get up at 6:15.
語彙例	日課（get up, go to school, go home, have dinner, go to bed）
準備物	ワークシート

時間
15min

　児童は学校での友達の生活の様子は知っていますが，家での生活はわからないので，実際に友達の家での様子を知ると，「○○ちゃんが，そんなに早く起きているとは思わなかった」「え？　学校に行くのギリギリじゃん」等，興味深々の姿が見られます。

≫ 指導の流れ

❶ ワークシート★……時間を書かせる。（3分）

　T：Now, look at the worksheet, the Star 1. Write the time.
　　たいていやる時間でいいですから，書きましょうね。また⑦の（　）には，何か特別にやること，例えば，play the piano（ピアノを弾く）とか，play video games（テレビゲームをする）とか，watch TV（テレビを見る）などあったら，書き足しましょう。

❷ ワークシート★……グループで，「私の1日」を紹介し合う。（10分）

　T：Make a group of four.（4人組を作ります）One of the group member stands up.（1人立ちます）Talk about「私の1日」in English.（私の1日を話します）If the speaker finishes, clap your hands.（終わったら，拍手をします）Who goes first?（誰が先にやりますか）

　C：（児童は決める）

　T：Are you ready? Let's start.

　C：「私の1日」を話す。（終わったら，拍手をする）

　T：Next. The left students from the first speaker, stand up.
　　（先ほど話をした児童の左隣りの児童が立つ）

❸ ワークシート★……感想を書く。（2分）

　T：Write today's comment on your worksheet.

≫ 指導のポイント

　外国語活動はできることを求めません。少しでも語彙や英文に触れ，話すこと，聞くことを通じ，慣れ親しむことができればよいのです。今回の題材は困難度が高いです。そんなときこそ，できる範囲を見極め，困難度を下げてあげたり，ヒントを与えたりしていきましょう。

074

「わたしの１日」をしょうかいしあいましょう

Class ▶　　　Number ▶　　　Name ▶

⭐1 あなたの１日を朝，起きてから家に帰ってねるまでの時間を書きいれよう。
　⑦の（　）には何か，たいていやっていることがあったら書きこもう。

:	:	:	:
①  get up	②  have breakfast	③  go to school	④  go home

:	:	:	:
⑤  take a bath	⑥  have dinner	⑦　　　（　　　）	⑧  go to bed

⭐2 グループで，「わたしの１日」をしょうかいしあおう。

⭐3 友だちの「わたしの１日」を聞いて，思ったことや感じたこと，考えたことなど自由に書こう。

Chapter 4 外国語授業で使える言語活動アイデア・5年編

1 月名を覚えよう！

知識・技能

ねらい	自分の誕生日を英語で言うことができる。
表現例	When is your birthday? / My birthday is September 3rd.
語彙例	月の名前（January, February, March　他）
準備物	有名キャラクタークイズ（誕生日を含めて），月名カード，ワークシート

時間
20min

　本時の学習は，児童にとってかなり困難度の高い学習内容です。日本語では，「数字＋月」で月名を表しますが，英語では1つ1つの月名が違います。（日本でも異名は異なりますが…）そこで，まずは，「自分の誕生日を英語で言える」を目標とします。

≫ 指導の流れ

❶ 有名キャラクターの誕生日を紹介する。（5分）

　T：I'll give you a quiz.　First, I'm an anime character.　My birthday is September 3rd.
　　　Who am I?

　C：え？　誕生日が9月3日？

　T：I am a cat.　But I have no ears.　I have a pocket.　My color is blue.

　C：Doraemon!

❷ 今日の学習内容を伝え，月名を学習する。（3分）

　T：This is January.（と言いながら，イラストカードを黒板に貼る）

　　　This is February. … This is March. … This is April. …（貼り終えたら…）

　T：My birthday is in January.　When is your birthday?

　C：6月！

　T：Oh, June.　Say June.

　C：June.　（このように数名に尋ね，本時のねらいに迫る）

❸ 月名の言い方を学ぶ。（6分）

　　T：Repeat after me.　January ….　（その後，Missing ゲーム等で語彙に習熟させる）

❹ ワークシートを配付し，☆（序数の言い方）を教える。（3分）

❺ 自分の誕生日を数名の友達に英語で伝える。（3分）

≫ 指導のポイント

　月名の導入では，いきなりイラストから入ってもいいのですが，キャラクタークイズから入り，キャラクターにも誕生日があることを知ることから，月名への興味をもたせます。ハローキティ（Nov.1），ミッキーマウス（Nov.18），サザエさん（Nov.22）などがあります。

076

月名を覚えよう！

Class ▶　　　Number ▶　　　Name ▶

 1月から12月まで言ってみよう。

■▶Chapter 4　外国語授業で使える言語活動アイデア・5年編

2 友達の誕生日とほしいものを尋ねよう！
話すこと［やり取り］

ねらい	自分の誕生日と，ほしいものを伝えることができる。
表現例	What do you want for your birthday? / I want a new bike.
語彙例	ほしいもの（watch. bag. cap, money, sleeping time, shoes, phone　他）
準備物	月名カード，ワークシート

時間
20min

　英語の授業は「点」ではなく，「線」で指導します。前回学んだことや今までに学習したことを重ねながら，少しずつ習熟させていきます。小学校5年生は，教科ですので「できるようにすること」が求められます。定着と積み重ねです。本時は，誕生日を言った後に，誕生日に何がほしいか伝えあう活動に挑戦してみましょう。

≫ 指導の流れ

❶ ミッシング・ゲームで，月名と誕生日の言い方を復習する。（10分）

T：Repeat. January.

C：January ....（と，黒板に月名カードを貼っていく）

T：Let's play a missing game. Go to sleep.

　　　（と言ったら，児童は机に頭を伏せる。その間に1枚カードを取る）

T：Wake up.（児童は頭を挙げる） What's missing?

C：March!（と，1枚なくなっているカードを当てる）

❷ 今日の学習内容を伝え，月名を学習する。（3分）

T：When is your birthday?

C：My birthday is May 22nd.

T：Oh, today's is May 20th. Your birthday is coming soon. Happy birthday.

　　　（意図的に誕生日が近い人を指名するとよい）

　　　What do you want for your birthday? ... What ... do ... you ... want ... for your ... birthday?

T：I want a watch for my birthday. Because I have no watch. What do you want?

C：I want a bike.

❸ ワークシートを配り，友達の誕生日と欲しいものを英語で伝えあう。（7分）

≫ 指導のポイント

　日本語で言えないことは英語では言えません。ほしいものが何か日本語ですら言えなければ英語では言えるわけはないのです。インタビュー活動を行う際には，まず自分だったらどう答えるかを考えさせてから始めます。表の最初に「あなた」と書いてあるのはそのためです。

078

君のほしいものは？

Class ▸   Number ▸   Name ▸

 友だちのたんじょう日にほしいものを，例にならってだずねてみよう。

例）

Taku

When is your birthday?

My birthday is November 6th.

Manami

Taku

What do you want for your birthday?

I want a big house.

Manami

名前	たん生日	ほしいもの
あなた	月　　日	
(　　　　　)	月　　日	
(　　　　　)	月　　日	
(　　　　　)	月　　日	

➡ 活動をふりかえってみよう

| ◎英語を使って友だちに質問したり，答えたりすることができましたか。 | 4 | 3 | 2 | 1 |

4（はい）　3（どちらかというとはい）　2（どちらかというといいえ）　1（いいえ）

感想（　　　　　　　　　　　　　　　　　　　　　　　　　　　　　　　　　　　）

■▶Chapter 4　外国語授業で使える言語活動アイデア・5年編

3 アルファベットを書いてみよう
書くこと

ねらい	アルファベットの大文字を書くことができる。
表現例	なし
語彙例	アルファベットの大文字
準備物	アルファベットカード（提示用），ワークシート

時間
25min

　3・4年生は「話す」「聞く」が中心ですが，5・6年生の目標には，「読み」「書き」があります。その「書き」の中に「大文字，小文字を活字体で書くことができるようにする」という目標が入っています。本時は，アルファベットの大文字を書く学習です。

≫ 指導の流れ

❶ アルファベットカードを取り出し，順番に言えるかどうか確認する。（2分）

　T：What's this?　　　　　　　　C：A.

　T：What's this?　　　　　　　　C：B.

　T：（黙って，Cのカードを見せる）　C：C ….

　　　（このように既習事項をどのくらい言えるか，カードを見せて言わせる）

❷ 正しい発音を確認する。（3分）

　T：This is A.　エとイで，エイ。　C：エイ。

　○発音では，C，E，F，G，H，K，L，M，N，O，R，V，W，Zなどの発音に気を付けさせる。

❸ アルファベットを指で空中に書く。（5分）

　T：Let's practice writing the alphabet.　This is A.

　　　Put your finger in the air.　Let's write it in the air three times.

　C：A …. A …. A ….（声に出しながら，指で空中に書く）

❹ ワークシート★……アルファベットをなぞる。（7分）

　T：アルファベット「G」まで，丁寧になぞれたら，先生のところに持って来ます。

　　　（持って来たワークシートを○していく。必要に応じ，丁寧さを指導する）

❺ ワークシート★……アルファベットを書く。（8分）

　T：（★が終わった児童には）★のアルファベットを書いてみましょう。

≫ 指導のポイント

　指で空中に書くとき，飽きてきたら，「自分の顔よりも大きく書きましょう」「天井に向かって書きましょう」「隣の人の顔に向けて書きましょう」「机の上に書きましょう」のように言います。また，ワークシートを持って来させ，一度は○をつけてあげましょう。

アルファベットの大文字を書いてみよう！

Class ▶ 　　　Number ▶ 　　　Name ▶

⭐**1** 文字を，ていねいになぞろう。

A B C D E F G

H I J K L M N

O P Q R S T U

V W X Y Z

⭐**2** A〜Zまで，ていねいに書こう。

▶ 自己チェック≫ 　　□ていねいに書けた 　　□まあまあ 　　□ぜんぜん

■▶Chapter 4　外国語授業で使える言語活動アイデア・5年編

4　できること・できないこと！

聞くこと／話すこと［やり取り］

ねらい	友達と「できること」「できないこと」を伝えあうことができる。
表現例	I can jump. / I cannot fly. / I live in Australia. / I have a pocket.
語彙例	get up early, play the piano, ride a unicycle, run fast, make *origami*　他
準備物	ワークシート，ヒントクイズ（4問）

時間
15min

　ヒントクイズで，can を強調させ，聞かせ，導入とします。その後，自分のできること，できないことを英語で伝えあう活動にもっていきます。

≫ 指導の流れ

❶　ワークシート☆……ヒントクイズを聞きながら，can の表現に慣れる。（10分）

　T：先生が今から4つクイズを出します。ヒント1を聞いて，それが何だかわかったら，ヒント1のところに書きます。続いてヒント2を言います。ヒント2を聞いて，答えを書きます。もしヒント1と同じなら同じ答えを書けばいいです。ヒント4が終わったら，答え合わせをします。早いヒントで当たった方が得点が高くなります。ヒント1なら10点。ヒント2で5点。ヒント3で3点。ヒント4で1点。当たらなかったら−1点です。

ヒントクイズ（例）

	クイズ1	クイズ2	クイズ3	クイズ4
ヒント1	I'm an animal.	I'm a bird.	I'm a character.	I'm a bug.（虫）
ヒント2	I can jump.	I cannot fly.	I can fly.	I am black.
ヒント3	I have a pocket.	But I can swim.	I am a blue cat.	I can fly.
ヒント4	I live in Australia.	I'm black and white.	I have a pocket.	I live in the kitchen.

❷　ワークシート☆……自分のできること，できないことを英語で伝えあう。（5分）

　T：①〜⑧で，自分ができることは□に✔を入れましょう。（児童は✔を入れる）

　T：今から，友達と，自分のできること，できないことを伝えあいます。①から同時に言っていき，もし同じだったら，"We are the same!" と言って，ハイタッチをします。

≫ 指導のポイント

　ヒントクイズでは，学校の先生を答えにすると，児童の興味・関心は沸くでしょう。ヒントクイズも2回目は「先生」，3回目は「果物」，4回目は「アニメのキャラクター」というように帯学習で計画し，can を聞くことに慣れ親しませるとよいでしょう。

4 ヒントクイズ

Class ▶　　　Number ▶　　　Name ▶

⭐1 ヒントクイズに答えよう。

	クイズ1	クイズ2	クイズ3	クイズ4
ヒント1				
ヒント2				
ヒント3				
ヒント4				

⭐2 次の中で，あなたができるものには□に✔を入れよう。その後，例にならって，できるもの，できないものを英語で友だちに伝えあおう。

例）I can sing. I cannot ride a unicycle.

■▶ Chapter 4 外国語授業で使える言語活動アイデア・5年編

5 できること BINGO!
知識・技能／話すこと［やり取り］

ねらい	友達に「〜できますか」と尋ねることができる。
表現例	Can you play *shogi*? / Yes, I can. / No, I can't.
語彙例	play *shogi*, fish, cook miso soup, dance, touch snakes, jump high 他
準備物	ヒントクイズ, 動作絵カード（または写真）, ワークシート

時間
25min

　「できること」「できないこと」を伝えるときには，まず，語彙を知らなくてはいけません。そこで動作を表す語彙を最初にやった後，児童に Can you sing a song? のように，できるかどうかを尋ね，can の表現に慣れ親します。次の授業でも同様の活動を行い，今度は第三者について紹介する文を言えるようにと，スモールステップで教えていきます。

≫ 指導の流れ

❶ 前時の復習として，ヒントクイズから入る。（7分）

　T：Let's do hint quiz.

　　　No.1. I'm a teacher. I can play soccer. I can play the guitar. I drive a blue car.

　C 1：わかった！

　C 2：へえ〜〜, そうなんだ！？

❷ イラストや写真の「一部を隠して」見せ，どんな動作か当てる。（3分）

　T：What's he doing? （**C**：Swim?）

　T：Yes. Swim. He can swim fast. Repeat. Swim fast. （**C**：Swim fast.）

❸ ワークシート❶……動作の英語表現に慣れ親しむ。（5分）

　T：Look at the worksheet. Repeat after me. Sing.

　C：Sing.

❹ ワークシート❶……①〜⑯のことができるかどうか尋ねる。（5分）

　T：Can you play *shogi*?

　C：Yes, I can. / No, I can't.

❺ ワークシート❷……友達にできるかどうか尋ね，ビンゴを作る。（5分）

　T：今から友達に，Can you 〜? と質問し，できると答えたものは○します。

　　　5分間時間をとりますので，いくつビンゴができるかやってみましょう。

≫ 指導のポイント

　イラストや写真を見せるときは，一部を隠す手があります。すると，「何だ？」と興味を寄せ，何の絵か推測したくなります。これを「カリギュラ効果」と言います。

084

Let's Enjoy BINGO!

Class ▶   Number ▶   Name ▶

⭐ 動作を表す語を言ってみよう。

⭐ 友だちにできるかどうか質問し，できることには〇をしよう。
いくつビンゴができるかな？

■▶Chapter 4 外国語授業で使える言語活動アイデア・5年編

6 友達紹介！
話すこと［発表］

ねらい	友達の「できること」「できないこと」を班で紹介できる。
表現例	Can you sing *karaoke*? / Yes, I can. / No, I can't.
語彙例	sing *karaoke*, ride a unicycle, ski, get up early　他
準備物	動作の絵カード（または写真），ワークシート

時間
15 min

協働学習を仕組みます。4人班をつくります。その後，他の班の人のところに行って，インタビューしてきます。班に戻り，インタビューした人のことを紹介します。これを行うことで，He can sing *karaoke*. He can't ride a unicycle. などと，第三者を紹介する活動となります。

≫ 指導の流れ

❶ 前時の復習として，絵カード（または写真）を見せ，動作の英語表現を復習する。（7分）

T：Look at this? What's this?

C：Sing *karaoke*.

T：That's right.　Repeat.　Sing *karaoke*.

C：Sing *karaoke*.（前時に扱った表現を復習する）

❷ ワークシート★……友達のできること，できないことをインタビューする。（3分）

T：Make a group of four.

C：（4人班になる）

T：Look at the Star 1 on your worksheet.
　　今から友達3人にインタビューします。その前に，まず自分ができるかできないか，○か×かで表に書いていきましょう。

T：Now, go to your friends and ask questions; "Can you sing *karaoke*?" "Can you ride a unicycle?"… 自分の班以外の人にインタビューです。I'll give you 5 minutes.
　　Stand up. Go!

C：（席を立って，インタビューをする）

❸ ワークシート★❷……インタビューした友達のことを紹介する。（5分）

T：OK. Let's talk about your friends.　Who goes first?
　　Let's begin.

≫ 指導のポイント

英語は技能なので，繰り返し行う中で，だんだんとできるようになっていきます。今回はインタビューした結果を他者に伝えるという活動です。できたことを大いに誉めましょう。

086

インタビュー結果をメンバーに伝えよう！

Class ▶　　　Number ▶　　　Name ▶

★1 友だち3人に，インタビューをしよう。できることには〇を，できないことには×を書こう。

	sing *karaoke*	ride a unicycle	ski	get up early
あなた				

★2 グループで順番に，友だちのできること，できないことを例にならって発表してみよう。

例)

I interviewed Miki.
She can sing *karaoke*.
She can't ride a unicycle.
She ....

I interviewed Taku.
He can't sing *karaoke*.
He can't ride a unicycle.
He ....

■▶Chapter 4 外国語授業で使える言語活動アイデア・5年編

7 アルファベットには別の音があるの？
知識・技能

ねらい	アルファベットの音を学び，単語を推測して読もうとする。
表現例	なし
語彙例	アルファベットの大文字・小文字
準備物	動物の絵カード，ワークシート

時間
15min

　小学校5年生からは，「文字」を扱います。英語は日本語と違って，記号であり，順番に前から読んでいくことで，単語が読めるようになっています。まず，音の一番小さな単位，「音素」に気づかせ，音素と音素をつないで，単語を読めるようにするワークシートです。

》 指導の流れ

❶ 音素に気づかせる。（5分）

　T：（ペンギンの絵と penguin と書かれた p の文字を指しながら）p p penguin.

　C：p p penguin.

　T：（ヘビの絵と snake と書かれた s の文字を指しながら）s s snake.

　C：s s snake.

　〇トラ（tiger），熊（bear），きりん（giraffe），牛（cow），魚（fish）等を用いる。

❷ ワークシート☆……最初の音を聞き取り，文字に〇をする。（3分）

　T：次の①〜④の単語の最初の音（文字）はどれでしょうか。〇をしましょう。

　　（最初は児童に絵を参考に，文字を〇させる）

　T：先生が①〜④まで言ってみますので，文字の音を確認しましょう。

　　　①p p panda　②o o octopus　③m m moon　④g g glass

　T：Let's check the answers. No.1. p or b?（**C**：p …）

　T：Yes. The answer is p.（と言って，黒板に答えを書く）

❸ ワークシート☆……最後の音を聞き取り，文字に〇をする。（3分）

　（上記❷の手順と同じ）

❹ ワークシート☆……音のまとまりを意識しながら，文字をなぞる。（4分）

　T：音のまとまりごとに声に出しながら，書いてみよう。

》 指導のポイント

　漢字で「虎」は，これ全体で「とら」と読みます。でも英語は違います。tiger の ti で「タイ」と読み，ger で「ガー」となります。ここが日本語と英語の大きな違いです。そこを理解しないで，学習が進むと，児童は文字を見て，すぐに「読めない」となってしまいます。

音の一番小さい単位を聞き分けよう！

Class ▶　　　　Number ▶　　　　Name ▶

★1 次の①〜④の単語の最初の音（文字）はどれかな。〇をしよう。

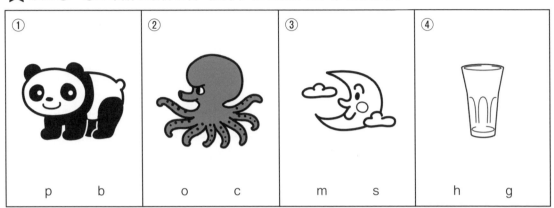

★2 次の①〜④の単語の最後の音（文字）はどれかな。〇をしよう。

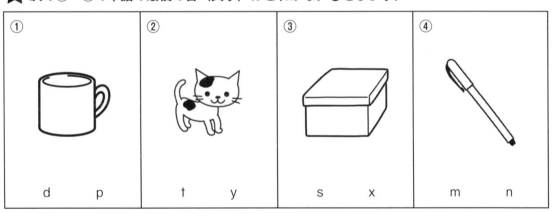

★3 声に出して言いながら，音のまとまりごとに書いてみよう。

panda	panda	_____	cup	cup	_____
パン　ダ			カップ		
moon	moon	_____	glass	glass	_____
ムー　ン			グラ　ス		
box	box	_____	pen	pen	_____
ボックス			ペ　ン		

■▶Chapter 4　外国語授業で使える言語活動アイデア・5年編

8 私の男の子はどこ？

知識・技能

ねらい	場所を表す語を知り，聞いて理解することができる。
表現例	The cat is on the table. / The cat is under the table.
語彙例	前置詞（on, in, at, over, between, under, above, by, near　他）
準備物	前置詞イラストカード，ワークシート

時間
15min

　前置詞は日本語にない品詞です。まずは，簡単な前置詞に注目させ，Put your pencil in the desk.（鉛筆を机の中に入れて）Put your pencil on the desk.（鉛筆を机の上に置いて）のように動作化を伴いながら，鉛筆を色々な場所に置かせましょう。

≫ 指導の流れ

❶ 教科書を色々な場所に置くように指示する。（5分）

　T：Hold your textbook. Listen and follow me.

　　　Put your textbook in your desk.（机の中）

　　　Put your textbook between your desk and your partner's desk.（隣の席との間）

　　　Put your textbook on your head.（頭の上）

　　　Put your textbook above your head.（頭の上の方）

　　　Put your textbook by the pencil case.（鉛筆箱のそば）

　　　Put your textbook under your pencil case.（鉛筆箱の下）

❷ 前置詞を表すイラストを見せ，英語での言い方に慣れ親しませる。（2分）

　T：Look. The cat is **on** the table. On the table. Repeat. On.（C：On.）

　T：On the table.　（C：On the table.）

❸ ワークシート☆……前置詞の入った語句を教師の後に繰り返す。（3分）

　T：No.1. On the house.

　C：On the house.

❹ ワークシート☆・☆……友達の宝のありかを当てるゲームを行う。（5分）

　T：宝を隠す場所を①〜⑨の中から1つ選び□に✔を入れましょう。

　T：今から，友達の宝のありかを何個見つけられるかな？　Stand up. Let's start!

≫ 指導のポイント

　前時には，「音素」を扱い，単語を読もうとする気持ちを大切に授業を行いました。本時では，前置詞を扱っていますが，これらも最初にonという音を聞かせたら，「oって，どんな文字だっけ？」「nは？」と聞いた後に，onという文字を見せるとよいでしょう。

090

Let's Treasure Hunt!

Class ▶　　　Number ▶　　　Name ▶

⭐1 場所を表す英単語を言ってみよう。

⭐2 ①〜⑨でたから物をかくすとしたらどこにするかな？　□に✔を入れよう。

⭐3 友だちのたから物のありかを当てよう。

Is it on your house?  Yes, it is.

■▶Chapter 4 外国語授業で使える言語活動アイデア・5年編

9 町を案内しよう！
話すこと［やり取り］

ねらい	建物の名前を知り，道案内をすることができる。
表現例	Go for two blocks. / Turn right. / It's on your right.　他
語彙例	場所の名前（convenience store, restaurant, barbar, supermarket　他）
準備物	This is MY TOWN をラミネートしたもの（人数分）

時間
15min

　4年生では，Go straight.（まっすぐに行って）Turn right/left.（右／左に曲がって），Stop.（止まって），Itr's on your right/left.（右／左手にあります）の4つの表現で道案内をしました。5年生では，より詳細に道案内ができるように，Go for two blocks.（2ブロック行きます）という言い方を学びます。

≫ 指導の流れ

❶ ワークシートを配り，教師の道案内を聞き，道をたどろうとする。（5分）

　T：OK. You are at A.（Aの場所にいます）　Please follow me.（ついてきてください）

　　　Go straight for two blocks.

　　　Turn right.

　　　Go straight for three blocks.

　　　Turn left.

　　　Go for one block.

　　　It's on your right.　さあ，どこを案内したかな？

　C：遊園地。（4，5回行い，道案内を聞いて目的地までたどれるようにする）

❷ 道案内の表現を知る。（3分）

　T：では，今度はみんなが道案内をしますが，表現を見ていきましょう。

　　　Go straight for ... blocks.（〜ブロック行ってください）Turn right.（右に曲がります）

　　　この2つの繰り返しで，案内できます。最後は，It's on your left.（左手にあります）と，

　　　どちら側にあるのかを言います。

❸ ペアで道案内の練習をする。（7分）

　〇最初にABCDのどこにいるか確定する。We are at B.

　〇交互に道案内をし，うまく案内できるかやってみる。

≫ 指導のポイント

　ペアでやった後には，その成果をみんなの前で発表できるよう，発表タイムを設けるようにしたいです。

This is MY TOWN!

Class ▶   Number ▶   Name ▶

station

convenience store

barbar

supermarket

shrine

police box

temple

restaurant

museum

city hall

kindergarten

hotel

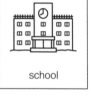
post office

bookstore

cinema

school

department store

fire station

park

amusement park

police station

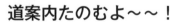
library

A   B   C   D

道案内たのむよ〜〜！   いいよ〜〜〜！

093

■▶Chapter 4　外国語授業で使える言語活動アイデア・5年編

10 食べ物や飲み物の名前　〜英語ではこう言うの？〜
知識・技能

ねらい	食べ物や飲み物の名前の言い方がわかり，正しく発音できる。
表現例	What food do you like? / I like Indian foods.　他
語彙例	食べ物（steak, hamburg steak, salad, milk, French fries　他）
準備物	食べ物や飲み物のイラスト（写真）カード，ワークシート

時間
15 min

　食べ物や食べ方にはその国の文化があります。インドでは右手で食べます。箸やフォークは使いません。箸の文化は，アジアに見られます。しかし，箸の文化でも違いがあります。それは，日本だけがMY箸を使います。これは日本独自の文化です。

≫ 指導の流れ

❶　食べ物や飲み物のイラスト（写真）を見せ，正しく発音する。（7分）

T：Look at this. What's this?（と言って，カレーの写真を見せる）

C：カレーライス。

T：Really? It's not カレーライス. It's curry. It's an Indian food.（と言って，日本式のカレーを見せる）

T：What's this?（と言って，フライドポテトの写真を見せる）

C：It's フライドポテト.

T：Really? It's not フライドポテト. It's French fries.

○このように，食べ物や飲み物に関して，普段使っているカタカナ英語が英語ではないことに気づかせる。

❷　ワークシートを配り，★を見ながら，正しい発音で言う。（3分）

T：Look at the Star 1. Repeat after me. Steak.

C：Steak.

❸　好きな食べ物を友達と伝えあう。★（5分）

T：What food do you like? I like steak, salad and fried rice. What food do you like?

C：I like spaghetti, hamburger steak and French fries.

T：Go and talk with 5 friends "What food do you like?"

≫ 指導のポイント

　hamburger steak は，元々はドイツの「ハンブルグ」で食べられていたステーキです。だから，「ハンブルグ式の」という意味で，hamburger steak と言うのです。各国の有名な食べ物（イギリスの fish and chips 等）を写真付きで見せると海外への興味が沸きますね。

094

食べ物や飲み物の名前を正しく言おう

Class ▶　　　Number ▶　　　Name ▶

⭐ 1　食べ物や飲み物の名前を正しい発音で言ってみよう。

⭐ 2　①〜⑯の中で，好きな食べ物を3つ選び，友だちと好きな食べ物を伝えあおう。

■▶Chapter 4　外国語授業で使える言語活動アイデア・5年編

11 いくらですか？
話すこと［やり取り］

ねらい	食べ物や飲み物の値段を尋ねることができる。
表現例	How much is this pudding? / It's 2 dollars.　他
語彙例	デザート（pudding, parfait, cake , yogurt, cream puff　他）
準備物	デザートのイラスト（写真）カード，ワークシート

時間
15min

　外国では食事の後にデザートを食べる習慣があります。そんなデザートでも，カタカナ英語と正しい英語では発音が違います。例えば，「プリン」は，「プディング」という発音になり「パフェ」は，「パーフェイ」です。今回のねらいは，「値段を尋ねることができる」です。値段を尋ねるとともに，外国の通貨にも興味をもち，１ドルがいくらか等にも触れましょう。

≫ 指導の流れ

❶ デザートのイラスト（写真）を見せ，正しく発音する。（5分）

T：Look at the picture.　What's this?

C：プリン。

T：Yes …. But in English, they say, 'pudding'. Repeat. Pudding.

C：Pudding.

❷ ワークシート☆……値段をつける。（5分）

T：How much is this pudding?（と言って，写真を見せる）

C：200円？

T：It's 2 dollars in the U.S.（アメリカで２ドルです）

C：２ドルっていくらだ？

T：Do you know how much 1 dollar is?　今，１ドルっていくらか知っている？

C：110円くらい…。

T：Look at the Star 2.　みんなはお店のオーナーだとして，商品に値段をつけてみよう。

❸ ワークシート☆……友達がいくらの値段をつけたら尋ね合う。（5分）

T：Now, ask your friends. How much is the pudding? … いくらとつけたか，聞いてみよう。

≫ 指導のポイント

　今回のメインは，How much? です。５年生くらいだと，大体いくらくらいか想像がつくのではないでしょうか。友達がつけた値段と自分がつけた値段の違いが，インフォメーション・ギャップが生みます。でも，その後のエンディングの工夫が必要です。教師の方で，それぞれがいくらくらいなのか示し，いくつ当たったか競い合わせてみてはどうでしょうか。

デザート名を正しい英語で言ってみよう

Class ▶　　　Number ▶　　　Name ▶

 食後のデザートは何する？　デザート名を言ってみよう。

① $ _____	② $ _____	③ $ _____	④ $ _____
pudding	parfait	cake	yogurt
⑤ $ _____	⑥ $ _____	⑦ $ _____	⑧ $ _____
cream puff	ice cream	almond jelly	jelly

 あなたは店のオーナー（owner）です。デザートに値段をつけよう。
上のイラストの $ _____ にねだんを入れよう。

今って，1ドルはいくらだっけ!?

 友だちがいくらのねだんをつけたか，次のように英語でたずねあってみよう。

How much is the pudding?　　　It's 5 dollars.

■▶Chapter 4 外国語授業で使える言語活動アイデア・5年編

12 何が食べたいですか？
話すこと［やり取り］

ねらい	相手の食べたい物を尋ねたり，答えたりすることができる。
表現例	What would you like? / I'd like steak. 他
語彙例	食べ物（pizza, hamburger, sandwich, taco, orange juice 他）
準備物	イラストカード（食べ物，飲み物），メニュー表（人数分）

時間 20min

外国語科（5・6年）の言語活動には，「日常生活に関する身近で簡単な事柄を内容とする掲示やパンフレットなどから，自分が必要とする情報を得る活動」（「小学校学習指導要領解説　外国語編」p.43）というのがあります。本時は，メニューを読み，情報を得る活動もねらっています。ロールプレイ方式で，レストランを想定して，疑似体験させてみましょう。

≫ 指導の流れ

❶ イラストカードを黒板に貼りながら，食べ物名を確認する。（5分）

T：Look at the picture. What's this? （C：Steak.）

T：Good. How about this? （C：Hamburger steak.）

（その他，絵カードを黒板にどんどん貼りながら，英語で言わせていく）

❷ 何が食べたいか尋ねる。（5分）

T：You are in a restaurant in the U.S. You are very very very hungry. What would you like? 　C1：Steak!

T：OK. You would like to eat steak. So, say "I'd like steak." 　C1：I'd like steak.

T：Very good. How about you, Mina? What would you like? 　C2：I'd … like pizza.

（このように，答え方を児童とのインターラクションの中で指導していく）

❸ メニュー（ワークシート）を配り，ペアで店員と客に分かれて疑似体験を行う。（10分）

T：Make pairs and do janken. Winners, you are shopkeepers. Losers, you are customers.

C1：What would you like?

C2：I'd like spaghetti and cola, please. How much?

C1：It's 13 dollars.

≫ 指導のポイント

ペアで疑似体験を行った後，4人班にさせ，店員とお客で分かれて，実際にメニュー表の□に✔を入れながら，注文したり，注文を聞き取ったり，合計金額を計算したり，ロールプレイをさせます。体験的に学ぶ英語授業を目指しましょう。

098

何が食べたいですか？

Class ▸   Number ▸   Name ▸

Restaurant Menu

Appetizer
- ☐ Salad — $5
- ☐ Soup — $4
    - Corn   Pumpkin

Main
- ☐ Steak — $30
- ☐ Hamburger Steak — $10
- ☐ Spaghetti — $10
- ☐ Pizza — $20
- ☐ Curry — $8
- ☐ Chinese Noodle — $8
- ☐ Fried Rice — $5
- ☐ Fish and Chips — $9
- ☐ Sandwich — $7
- ☐ Hamburger — $5
- ☐ Taco — $8
- ☐ Lobster Tail — $35
- ☐ Escargot — $20

Drinks
- ☐ Cola — $3
- ☐ Fanta — $3
- ☐ Orange Juice — $5
- ☐ Soda — $3
- ☐ Oolong Tea — $2
- ☐ Water — $3
- ☐ Tea — $3
- ☐ Coffee — $4

Dessert
- ☐ Pudding — $5
- ☐ Yogurt — $5
    - Strawberry   Melon
    - Apple   Banana   Orange
- ☐ Cake — $7
- ☐ Ice cream — $3
- ☐ Almond jelly — $4
- ☐ Parfait — $6

TOTAL $ _____

■▶Chapter 4　外国語授業で使える言語活動アイデア・5年編

13 あこがれの人はこんな職業
知識・技能

ねらい	職業や家族名を英語で言うことができる。
表現例	Who is this? / This is my mother. / She is a doctor.　他
語彙例	職業名（singer, politician, doctor　他）家族名（father, mother　他）
準備物	職業カード（裏には人物の写真またはイラスト），サザエさん一家のイラスト，カルタカード（ペアで1セット）

時間
20 min

　「あこがれ」は，そうなりたいと思う原動力となります。児童が憧れを抱く場合，身近な家族の人や先生を含め，俳優や歌手，作家や物語の登場人物などが考えられます。色々な人の職業や家族の人の語彙を導入し，憧れの人を紹介する英文へとつなげていきましょう。

≫ 指導の流れ

❶ 職業カードを見せながら，語彙を導入する。（6分）

T：Look at this.　Who is this?（と言って，歌手の写真を見せる）

C：That's Hikawa Kiyoshi.

T：Yes.（と言って，カードの裏面＝歌手のイラストを見せる）He is a singer.
　　（このように，職業に関連し，実際の人物を紹介しながら，語彙を導入する）

❷ 家族の語彙を導入する。（4分）

T：Look at this.　Who is this?

C：Tara-chan.

T：Yes.　He is Tara-chan.　Who is this?　（と言って，サザエさんの絵を見せる）

C：Sazae-san.

T：Yes.　She is Sazae-san.　She is Tara's mother.（と言い，裏面のお母さん風の絵を見せる）

○この後，タラちゃんから見て，ますお（father），かつお（uncle），わかめ（aunt），
　波平（grandfather），フネ（grandmother）を紹介する。

❸ カルタゲームを行う。（10分）

T：Make pairs.　Do janken.　Losers, come here.（と言って，カルタカードを渡し，机の上に広げるように言う）

　　Let's play.　This is my mother.　She is a doctor.（児童は2枚のカードをとる）

≫ 指導のポイント

　授業はなるべくゴールイメージをもって行います。カルタで使用した英文は，その後，憧れの人で紹介できる英文（This is …. She / He is a ….）という形で扱います。

職業や家族の名前が言えるようになろう！

Class ▶　　　Number ▶　　　Name ▶

[職業の言い方]

[家族の言い方]

▶ Chapter 4　外国語授業で使える言語活動アイデア・5年編

14 あこがれの人の得意なことは？
書くこと

ねらい	「〜が得意」を使って，人を紹介することができる。
表現例	Who is your hero? / He is good at making people happy.　他
語彙例	職業名（singer, politician, doctor　他）家族名（father, mother　他）
準備物	教師の憧れの人を紹介する写真やイラストと英文，ワークシート（人数分）

時間 15min

　授業はスモールステップで行います。前回は，This is .... She/He is a .... と人物と職業を紹介しました。今回は，憧れにつながる表現，She/He is good at ....（〜が得意です）という表現をプラスします。

≫ 指導の流れ

❶ 憧れの人を考え，書く。（4分）

T：Look at this.　This is my father.　He is my hero.　He is good at making people happy.
　　　Who is your hero? みんなの憧れの人は誰かな？

C：え〜〜。

T：I'll give you a worksheet.　Write your heroes on it.　I'll give you 5 minutes.
　　　（と言って，教師は机間指導しながら，次のように付け加える）

T：家族でも芸能人でも，アニメの登場人物でも，歴史的人物でも誰でも構いません。
　　　みなさんの憧れの人，尊敬できる人を書いてみましょう。

❷ ワークシート☆……憧れの人の得意なことを書く。（10分）

T：First, write "This is .... " on your worksheet. 家族の場合は，my を付けます。

C：This is Nobita.

T：Good.

C：He is a student.　He is good at あやとりって何と言うの？

T：Playing cat's cradle.

C：He is playing cat's cradle. できた！
　　　（このように，個別支援をしていく）

❸ 次回，憧れの人の写真または絵を持って来るように指示する。（1分）

≫ 指導のポイント

　いよいよまとまった英文を書くという活動に入ってきます。小学校英語科では，書くことに，「例の中から言葉を選んで書く」というのがありますが，児童は，例にない表現を使いたがります。ぜひ，児童が心の底から伝えたいことを英語で伝えさせましょう。

102

あなたのあこがれの人は? Who is your hero? ❶

Class ▶   Number ▶   Name ▶

⭐1 あなたのあこがれの人，そんけいする人はだれですか？　思いつく人だれでもかまいません。何人も書ける人は書いてもいいですよ。

⭐2 その人が，得意としていることは何だろう。例にならって，書いてみよう。

例）　This is my mother.　　　This is Hikawa Kiyoshi.

She is a homemaker.　　He is a singer.

She is good at tennis.　　He is good at cooking.

①
----

②
----

③
----

④
----

⑤

📝 Word Box 「～することが得意だ」と言うとき 📝

①絵をかく (drawing pictures)　②ピアノをひく (playing the piano)　③おどる (dancing)

④子どもの世話 (taking care of children)　⑤歌う (singing)　⑥車の運転 (driving a car)

⑦英語を話す (speaking English)　⑧人を楽しくさせる (making people happy)　⑨走る (running)

⑩泳ぐ (swimming)　⑪そうじする (cleaning)　⑫ゲームをする (playing games)

■▶Chapter 4　外国語授業で使える言語活動アイデア・5年編

15 あこがれの人の紹介文づくり
書くこと

ねらい	他者を簡単な英語を用いて紹介することができる。
表現例	Who is your hero? / He is good at making people happy.　他
語彙例	職業名（teacher, vet, actress　他）家族名（grandfather, mother　他）
準備物	ワークシート

時間
20min

　本時は単元のまとめにあたります。前回の授業で、憧れの人の「写真」または「絵」を持って来るように伝えておいたので、まず、本時では、写真や絵をワークシートに貼ることから始めます。そして、前回作成した英文を、そのまま丁寧に写し、最後に、canを入れた英文を1文付け足し、そして、「This is my hero.」の紹介文の完成とします。

≫ 指導の流れ

❶ 教師の憧れの人のワークシートを提示し、ゴールイメージをもたせる。（2分）

❷ ワークシートを配り、憧れの人の絵を貼る。（3分）

T：I'll give you a worksheet. Do you have your hero's picture?

C：Yes.

T：Who is your hero?

C：My grandfather.

T：Good.

T：Who is your hero?

C：Miwa. She is a voice actress.

T：Very good. Now, paste your picture on the worksheet.

❸ 前回のワークシートを見ながら、丁寧に写す。（10分）

T：Look at another worksheet. （と言って、前回のプリントを見せる）
　　Copy them neatly. （丁寧に写していきましょう）

❹ canを使ってできることを1文足す。（5分）

T：最後に、みんな「〜できる」っていう表現習ったよね。その人のできることを1文足しましょう。例えば、He is a swimmer. He can swim well. のように、内容が重なってしまっても構いません。もしそれ以外にあれば、He can ... too. とでもいいですね。

≫ 指導のポイント

　可能であれば、全体の前でスピーチをさせたいです。少なくとも、ペアで発表しあったり、4人班の中で発表したりして、終わりにしたいですね。

あなたのあこがれの人は? Who is your hero? ❷

Class ▶   Number ▶   Name ▶

⭐❶ あこがれの人の写真や絵をはろう。

⭐❷ あこがれの人のしょうかい文を書こう。

Chapter **5** 英語力を身につける言語活動アイデア・6年編

1 自己紹介クイズを作ってみよう！
書くこと

ねらい	空所に英語を埋めながら，自己紹介クイズを作ることができる。
表現例	My name is .... / My birthday is .... / I can .... / I want to go to ～.　他
語彙例	復習（月名，食べ物，できること，国名　他）
準備物	教師の自己紹介クイズ，ワークシート

時間
20 min

児童の主体的な学びを目指し，自己紹介クイズづくりを行います。

≫ 指導の流れ

❶ 教師の「自己紹介クイズ」を配り，解かせる。（5分）

T：This is me. Please read them and choose the answer.　（答えを選びましょう）

C：絶対これだ！（選択肢の中から、選んで答える）

Mr.Takizawa's Quiz

Q1 Where do I live?　a）Hawaii　b）Tokyo　c）Saitama　d）Okinawa

Q2 How old am I?　a）27　b）37　c）47　d）52

Q3 What Japanese food do I like?　a）natto　b）yakitori　c）oden　d）sukiyaki

Q4 When is my birthday?

　　a）January 19.　b）May 3.　c）July 21.　d）November 6.

Q5 What can I do?

　　a）I can swim fast.　b）I can cook.

　　c）I can sing *karaoke* well.　d）I can play *shogi*.

T：Let's check the answers.　（答え合わせをしましょう）

Hello. My name is Hiroto Takizawa. Of course I live in Saitama. But I'm from Tokyo.
So the answer of the first question is... c. 当たった人？

（このように，自己紹介を兼ねながら，答え合わせをする）

❷ ワークシートを配り，自己紹介クイズを作る。（15分）

≫ 指導のポイント

　学習指導要領では，「書き写す」「例の中から言葉を選んで書く」とあります。次ページのようなヒントカードを渡し，必要な表現をそこから選ぶようにさせていくとよいでしょう。

106

This is ME!

Class ▶   Number ▶   Name ▶

Q1 When is my birthday?

a) _____ b) _____ c) _____

Q2 What fruit do I like?

a) _____ b) _____ c) _____

Q3 What can I do?

a) _____ b) _____ c) _____

Q4 Where do I want to go?

a) _____ b) _____ c) _____

！ヒントカード

[月名] 1月（January）2月（February）3月（March）4月（April）5月（May）
6月（June）7月（July）8月（August）9月（September）10月（October）
11月（November）12月（December）

[好きなもの] □メロン（melon）スイカ（watermelon）なし（pear）ぶどう（grapes）
りんご（apple）さくらんぼ（cherries）バナナ（banana）いちご（strawberry）パイナップル
（pineapple）□サッカー（soccer）野球（baseball）テニス（tennis）バスケ（basketball）
ソフトボール（softball）バドミントン（badminton）卓球（table tennis）水泳（swimming）
剣道（kendo）□スパゲッティ（spaghetti）ハンバーグ（hamburger steak）チャーハン（fried
rice）カレー（curry）ステーキ（steak）納豆（natto）寿司（*sushi*）そば（*soba*）

[できること] □泳ぐ（swim）速く走る（run fast）～する（play～）ビデオゲーム（play
video games）早く起きる（get up early）絵をかく（draw pictures）

[国名] イタリア（Italy）アメリカ（the U.S.A.）ドイツ（Germany）エジプト（Egypt）
フランス（France）スペイン（Spain）中国（China）韓国（Korea）インド（India）
オーストラリア（Australia）ブラジル（Brazil）イギリス（the U.K.）スイス（Switzerland）

■▶Chapter 5 英語力を身につける言語活動アイデア・6年編

2 自己紹介すごろくで遊ぼう！
話すこと［やり取り］

ねらい	文字を読み，質問に答えることができる。
表現例	復習　I'm ... years old. / My birthday is .... / I'd like coffee.　他
語彙例	復習（月名，食べ物，できること，国名　他）
準備物	すごろくシート（班に1枚），サイコロ（班に1個），消しゴム

時間
25min

　5・6年生では，「読むこと・書くこと」への慣れ親しみが目標として登場します。しかし，そこには条件があり，「十分慣れ親しんだ語彙や表現に」という前文がつきます。今回の「自己紹介すごろく」は，そのような慣れ親しんだと思われる表現を，児童が読もうとし，読んで理解した質問に答えるという活動をねらっています。

≫ 指導の流れ

❶ 「すごろくシート」と「サイコロ」を班に配る。（3分）

❷ ルール説明をする。（7分）

T：You have an eraser? Put your eraser at the starting box.（消しゴムをスタートの位置に置いて）

　　Now roll the dice and move your eraser.（サイコロの出た目の数だけ進みます）

　　For example, this is three.　So I can move my eraser for 3 boxes.

　　（例えば，これは3ですね。よって，3マス進みます）

T：When you stop, you read English and answer the question.

　　（止まったマスのところにある英語の質問に答えます）

T：You have to finish just by the number of the roll of dice.

　　（ゴールは，ちょうどの目でゴールします）

　　If you are here, you have to roll dice 2.

　　（もしあなたがここにいたら，2が出ればゴールです）

　　If you don't make the roll dice 2 and you roll 5, you go to the goal and then go back.

　　（もし，5が出てしまったら，ゴールに向かって進み，その後戻ります）

❸ グループごとにすごろくゲームを行う。（15分）

≫ 指導のポイント

　本時のねらいは，「文字を読もうとする」ですので，班活動という形態をとります。サイコロを振って，止まったマスの質問を児童が読みます。これ自体，難しいことですが，班で協力して行い，何とかクリアして，推測して単語や英文を読もうとする児童を育てたいです。

108

自己しょうかいすごろく

Class ▶   Number ▶   Name ▶

Start	How are you?	Do you like bananas?	What is your name?

Where do you want to go?	Can you swim?	When is your birthday?

| Do you like dogs? | How old are you? | Go back to the "Start" ! | What color do you like? |

| What would you like? | Do you have a pet? | Are you hungry? | Can you play the piano? |

| What's your nickname? | Can you run fast? | Do you play sports? | Go back 6 spaces! |

| **Goal** | Do you like English? | Are you happy? | Where do you want to go in Japan? |

■▶Chapter 5　英語力を身につける言語活動アイデア・6年編

3 どこに住んでいるの？

知識・技能

ねらい	自分が住んでいる所を伝えあうことができる。
表現例	Where do you live? / I live in ....　他
語彙例	国名（Italy, Germany, India, Korea, China　他）
準備物	地名カード（1人1枚）

時間
10min

　111ページの地名カードを1人1枚ずつ配ります。その持っているカードに書いてある都道府県や国は，児童が住んでいる所だとします。児童は，自分と同じ所に住んでいる人が何人いるか探します。そのとき，使う英語表現が，Where do you live? I live in ～. です。

≫ 指導の流れ

❶ 児童に1人1枚，地名カードを配る。（2分）

　T：I'll give you a card, but do not show it to your friends.（カードは誰にも見せません）

❷ 「どこに住んでいるの？」ゲームをする。（6分）

　T：Now, this is where you live. カードに書いてある場所にみんなが住んでいるとします。

　C：え～～～。

　T：Where do you live?　　　C1：China.

　T：I live in China.　　　C1：I live in China.

　T：（C1が住んでいる所を答えてしまったので，新しいカードに変える）

　　　自分と同じ所に住んでいる友達をできるだけたくさん見つけてください。

　　　Stand up. Let's start.

　○児童は立って，自分と同じ所に住んでいる友達を英語を使って探す。

　○教師はBGMをかけ，ゲームらしい雰囲気をつくり，教師もゲームに参加する。

❸ 評価をする。（2分）

　T：Now, stop talking. Go back to your seat.

　C：（席に着く）

　T：How many friends did you find? One? Two? Three? Zero?

≫ 指導のポイント

　この学習後は，3ヒントクイズで，I am an animal. I am grey. I am not big. I have a pocket. I live in Australia. のように，住んでいる所をヒントの中に加えることができるようになります。

地名カード

Class ▸　　　Number ▸　　　Name ▸

■▶Chapter 5 英語力を身につける言語活動アイデア・6年編

 彼・彼女は世界で活躍する有名人！
書くこと

ねらい	例を参考に，他者を紹介する簡単な文を書くことができる。
表現例	He can play soccer well. / She is very famous.　他
語彙例	スポーツ名（soccer, tennis, volleyball, basketball, table tennis　他）
準備物	世界で活躍する日本人の紹介文と写真，ワークシート

時間 **20** min

　音声で十分に慣れ親しんだ簡単な語句や基本的な表現を使って，例を参考に紹介したい人物について書くことが，本時のねらいとなります。その際，「単語と単語」のスペースに気を付けて書かせます。通常，「単語と単語の間は，小指1本分空けます」と指示しています。

≫ 指導の流れ

❶ 教師の見本を見せる。（2分）

T：Look at this picture.
　　This is Hakuho. He is a sumo wrestler. He can do sumo well. He is strong.
　　Did you understand? What's his name?
C：Hakuho.
T：Yes. What sports does he do?
C：Sumo.
T：Yes. He is very ….
C：Strong.
T：Yes. He is famous in Mongolia too.

❷ ワークシート★……スポーツ名を言う。（3分）

T：Look at the Star 1. Repeat after me. Soccer.
C：Soccer.

❸ ワークシート★★……世界で活躍する日本人を簡単な英語で紹介する。（15分）

T：Look at the Star 2. Can you read?
C：This is Ichiro Suzuki ….
T：Very good. Now, write about a famous person.（有名な人を1人選んで書きましょう）

≫ 指導のポイント

　6年生ともなると，「書く」ということが多くなります。しかしその多くは「慣れ親しむ」です。それも，例を参考にして，空所に語句を埋めていく程度です。今回の「世界で活躍する日本人」も，少しでも書いたり，読んだりできればそれでOKと考えましょう。

彼・彼女は世界で活やくする有名人

Class ▶   Number ▶   Name ▶

⭐1 次のスポーツ名を英語で言ってみよう。

⭐2 世界で活やくする日本人を次の例にならい，英語でしょうかいしてみよう。

例）

This is <u>Ichiro Suzuki</u>.

He is a <u>baseball player</u>.

He can <u>play baseball</u> well.

He is very <u>famous</u>.

■▶Chapter 5 英語力を身につける言語活動アイデア・6年編

5 町にあるもの・ないもの・ほしいもの！

知識・技能

ねらい	町にあるものの英語語彙を習得することができる。
表現例	We have many temples in our town.　他
語彙例	場所・自然（ temple, shrine, school, river, mountain　他）
準備物	絵カード，町の地図，ワークシート

時間
15min

　語彙力は語学では，最も大切な学習能力の１つです。小学校で600語程度の単語を学びますが，そのほとんどは「言えればよい」という語彙となります。私は以前，中学３年間で2000語を教えたいと思い，『授業をグーンと楽しくする英語教材シリーズ25　１日５分で英会話の語彙力アップ！中学生のためのすらすら英単語2000』という教材を作成・編集しました。コンセプトは，「書けなくてもよい。言える英単語を増やそう」というものでした。今回のワークシートも，ぜひ言えるようにさせたい語が最初に来ています。心理学でいう初頭効果です。

≫ 指導の流れ

❶ 絵カードを見せ，単語を導入する。（10分）

T：What's this?

C：寺。

T：Do you know how to say ʻ寺ʼ in English?　It's a ʻtempleʼ.　Repeat.　Temple.

C：Temple.

T：Do you have any temples in this town?（町の地図を貼る）　We have Hougen Temple here.　Syougen Temple here.　We have many temples in our town.　What's this?

C：School.

T：How many schools?

C：One, two, three … eight schools.

T：Right.　（このように町にあるものや，ないものを確認しながら，語彙の導入を行う）

❷ ワークシートを配り，語彙の確認を行う。（5分）

≫ 指導のポイント

　何でもそうですが，出会いは大切です。授業で言えば「導入」です。いかに必要性をもたせ，語彙を学ぶことの意義を感じさせながら，語彙や新文型を導入することは，その後の学びや学習内容の定着にも大きく関わってきます。本時は改めて町にあるもの，ないものに気づかせ，町にほしいものを考えさせ，町づくりの提案にもっていければと思います。

114

町にあるもの・ないもの・ほしいもの

Class ▶　　　Number ▶　　　Name ▶

■▶Chapter 5 英語力を身につける言語活動アイデア・6年編

6 町を英語で紹介しよう！
書くこと

ねらい	英語で町の紹介文をヒントカードを参考にしながら書く。
表現例	We have clean river. / We can enjoy swimming.　他
語彙例	季節（spring, summer　他），風物（fireworks, festival　他）
準備物	絵カード，ワークシート

時間 **45**min

　小学校外国語科では，簡単な語句，基本的な表現を用いて他者に配慮しながら，伝えようとする気持ちや姿勢（コミュニケーション能力の基礎）が大事です。今回は，語や表現を学ぶということだけでなく，町の良さや特徴をPRする「パンフレット作り」に挑戦させましょう。

≫ 指導の流れ

❶ 絵カードを見せ，単語を復習する。（10分）

　T：Let's review the last lesson. What's this?
　C：River.
　T：Good.（と言いながら，黒板に絵カードを貼っていく）

❷ Missing Game をする。（5分）

　T：Now, let's play the Missing Game. Go to sleep.（児童が目を伏せている間にカードを1枚抜く）
　T：Wake up. What's missing?
　C：…… Temple!
　T：Right.

❸ ワークシートを配り，パンフレット作りを行う。（30分）

　T：Look at this map. We have many things in our town. We have clean river. We can enjoy swimming. We have festivals in spring and summer. We can see fireworks in summer. We have on-sen. We can enjoy it. We have Hougen Temple. It's very old. Today, we are going to make a brochure of our town.

❗ ヒントカード

○「～があります」 We have ….
○「楽しめます」 You can enjoy ～.
　・川で泳ぐ swimming in the river　星を見る watching stars　景色を見る watching a nice view
○「わたしたちの町に来てね」 Please come to our town.
○「楽しんでね」 Let's enjoy our town!

Let's Enjoy Our Town

Class ▸   Number ▸   Name ▸

Let's Enjoy Our Town

■▶Chapter 5 英語力を身につける言語活動アイデア・6年編

7 サイコロトーク ～夏休みの思い出～

話すこと［発表］

ねらい	過去形を使って，夏休みの出来事を話すことができる。
表現例	I went to ～. / I saw ～. / I enjoyed ～. / I had dinner. 他
語彙例	場所（amusement park, sea, river 他）
準備物	絵カード，サイコロ（120ページの絵を組み立てたもの）

時間
20min

　過去形を学習します。理屈はともかく，「～に行った」と言うときは，went to ～を使い，「～を見た」と言うときは，saw ～。また，「～を楽しんだ」は enjoyed ～を使い，規則動詞，不規則動詞といったルールには触れずに，あくまでも 1 つの「語」として教えます。

≫ 指導の流れ

❶ 夏休みの思い出を簡単な英語で話す。（5分）

　T：Hi. In this summer vacation, I went to the sea in Okinawa. I enjoyed swimming. I saw a big starfish. I played volleyball on the beach. I had delicious seafood. It was fun. どんな話だった？

　C1：沖縄に行った。 **C2**：泳いだ。 **C3**：大きなヒトデを見た。

　C4：バレーボールをした。 **C5**：シーフードを食べた。 **C6**：楽しかった。

　T：You listened to my story very well.

❷ カードの並べ替えを行う。（5分）

　T：Now, make pairs. I'll give you cards. Come to the front. （児童はカードを取りに来る）

　　I'll talk about my vacation again, so arrange the card in order.

　　もう一度，話しますので，話の順番になるように，絵を並べ替えましょう。

　○並べ替えると「バッチリダネ」となる。

❸ 「私の夏休み」を紹介する。（10分）

　T：Now, it's your turn. Put the cards facing down. Then pick a card. Look at the card and tell your partner. For example, I pick up "I enjoyed …" So, I enjoyed barbeque. こんな感じです。言えなかったら，そのカードは戻して，もう 1 枚引きます。Let's start.

　C1：Oh. I saw … 見たものか…。I saw a mountain. **C2**：Good.

≫ 指導のポイント

　何かを話すときは，中身がないと話せないものです。今回は，サイコロトークにして，その面が出たことについて，夏休みの出来事を語るという活動です。

118

[絵カード]

バ
I went to ....

ツ
I enjoyed ....

チ
I saw ....

リ
I played ....

ダ
I had ....

ネ
It was fun.

[サイコロトーク用]

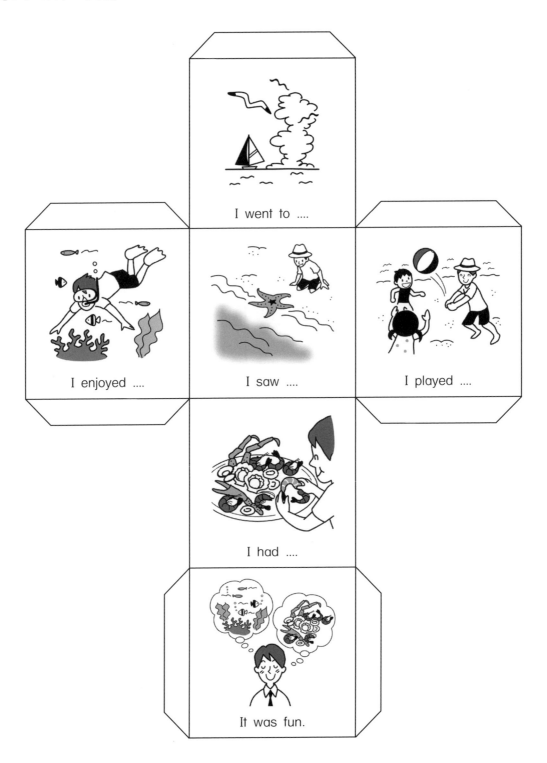

■▶ Chapter 5　英語力を身につける言語活動アイデア・6年編

8 英文４コマ漫画　～夏休みの思い出～

書くこと

ねらい	夏休みの出来事を例文を参考に書くことができる。
表現例	It was fun. / I went to ～. / I saw ～. / I enjoyed ～.　他
語彙例	star, fireflies, movie, camp, cooking　他
準備物	ワークシート（表面：タケシの４コマ漫画，裏面：児童の作成用）

時間
30 min

　小学校外国語科では，２つの「書く」があります。１つは，書き「写す」で，もう１つは，例の中から語句等を「選んで書く」です。何もないところから「書く」ということはありません。「英文絵日記」は，文字をなぞったり，書き写したり，例の中から語句を選び書いたりする活動になります。

≫ 指導の流れ

❶ プロジェクターで，タケシ君の４コマ漫画を見せながら前時の復習を兼ねる。（5分）

　T：Look at the worksheet.　This is Takeshi's 夏休みの思い出。He went to the ….

　C：River?

　T：Yes. He went to the river.　What did he enjoy there?

　C：Swimming?

　T：Right.　He enjoyed swimming.　At night, he saw beautiful ….

　C：Stars.

　T：Yes. He saw beautiful stars.　It was fun.

❷ ワークシートを配り，文字をなぞったり，語句を補ったりさせる。（5分）

　T：Now, look at the worksheet.　This is Takeshi's Summer Holidays.　Please read and trace words and fill in the blanks.　Read and（読んで），trace words（文字をなぞって）and fill in the blanks.（空所を埋めましょう）You can look at the hint-words on the worksheet.

❸ 「私の夏休み」を４コマ漫画を描く。（20分）

　T：Look at the back the worksheet.　Now, it's time for you to write about your summer holidays.

　（みんなの番です）If you have any questions, call me.（質問があったら呼んでください）

≫ 指導のポイント

　文字をなぞるときには，なぞる線からはみ出ないように，丁寧になぞらせます。そこを徹底させないと，いい加減に書く児童が現れます。落ち着いて，丁寧になぞらせるようにします。

121

夏休みの思い出　4コマまん画

Class ▸　　　Number ▸　　　Name ▸

⭐ タケシ君は夏休みの出来事を4コマまん画で表したよ。絵を見て，文字をなぞったり，ヒントワーズの中から語句を選んだりしながら，完成させよう。

I went to the _____ this summer.

I enjoyed _____ .

I saw beautiful _____ .

It was fun.

ヒントワーズ

①山（mountain）②海（sea）③川（river）④温泉（hot spring）⑤映画（movie）
⑥バーベキュー（barbecue）⑦遊園地（amusement park）⑧花火（fireworks）
⑨星（stars）⑩キャンプ（camp）⑪ホタル（fireflies）⑫料理（cooking）

夏休みの思い出　４コマまん画

Class ▶　　　　Number ▶　　　　Name ▶

■▶Chapter 5　英語力を身につける言語活動アイデア・6年編

9 思い出探偵団！小学校6年間の思い出調査
話すこと［やり取り］

ねらい	友達の小学校の思い出を伝えあうことができる。
表現例	What's your best memory? / My best memory is the School Trip.　他
語彙例	学校行事（School Trip, Sports Day, Chorus Contest　他）
準備物	イラスト（運動会，修学旅行，林間学校等），ワークシート

時間
15min

　「読む」「書く」活動の前提となっているのは，「音声で十分に慣れ親しんだ」ということです。つまり，「読む」「書く」という活動を行う前には，十分に音声で慣れ親しむということが大切になります。単元計画及び単元と単元のつながりの中で意図的に同じような表現を使って，慣れ親しませることが必要となってくるのでしょう。

≫ 指導の流れ

❶ 色々な思い出があることを共有する。（5分）

　T：Hi. Next month, you'll graduate from this school. Graduate … 卒業 … we miss you very much.　What is your best memory at this school?

C1：修学旅行。

　T：O.K. What's 修学旅行 in English? Do you know?

C2：School Trip.

　T：Great! School Trip.　（と言って，修学旅行を表すイラストを黒板に貼る）
　　　 OK. How about you, C3?

C3：Sports Day.　（と言って，運動会の絵を貼る）

　T：Now, we have many memories.

❷ 教師の小学校のときの思い出を聞く。（5分）

　T：O.K. My best memory is the School Trip.　We went to Nikko.　I saw three monkeys, sleeping cat and Kegon fall.　It was exciting.　I enjoyed playing cards at night.　In the bus, I talked a lot with my friends.　It was really fun.

❸ ワークシートを配り，思い出調査を行う。（5分）

　T：Ask your friends, "What's your best memory?" And make a graph.

≫ 指導のポイント

　本時の目標として，小学校6年間の一番の思い出は何か，1人1人が思いつくことです。一番大変なのか，何が一番の思い出かが思いつかない児童です。当然，数名はいるでしょう。そのときこそ，教師の出番です。色々な行事を思い出させ，自己決定させていきましょう。

124

What's your best memory?

Class ▶　　　Number ▶　　　Name ▶

★1 小学校の思い出の一番は何だろう？　友だちに聞いて，グラフにしてみよう。

School Trip	School Excursion	Chorus Contest	Sports Day	Camp School	School Lunch	Others

(10 / 5 目盛り)

★2 あなたの小学校6年間は思い出は何ですか。ベスト3をあげてみよう。

ベスト1 （　　　　　　　　　　　　）
ベスト2 （　　　　　　　　　　　　）
ベスト3 （　　　　　　　　　　　　）

 ヒントワーズ

① School Trip（修学旅行）　② School Excursion（遠足）　③ Chorus Contest（合唱祭）
④ Sports Day（運動会）　⑤ Camp School（林間学校）　⑥ School Lunch（給食）
⑦ Club Activities（クラブ活動）　⑧ Swimming Competition（水泳大会）　⑨ Others（その他）

■▶Chapter 5 英語力を身につける言語活動アイデア・6年編

10 小学校6年間の思い出を書いてみよう！
読むこと／書くこと

ねらい	小学校6年間の思い出を読んで，話の意味を理解することができる。
表現例	We went to ～. / We played card games.　他
語彙例	学校行事（School Trip, Sports Day, Chorus Contest　他）
準備物	ワークシート（タケシ君の思い出），ワークシート（児童作文用）

時間 40min

　単元計画では終盤の授業となります。本時では，十分音声で慣れ親しんだ語句や表現をタケシ君の思い出作文を通じ，児童に読ませます。もし，難しく感じるようであれば学習形態を個人ではなく，ペアで協力して読みあわせ，内容を読み取らせるようにしましょう。

》 指導の流れ

❶ ワークシートを配り，タケシ君の小学校の思い出を読む。（5分）

　T：Look at the Star 1 on your worksheet. I'll give you three minutes. Read and answer the questions. （と言って，3分くらい時間をとる）

❷ 答え合わせをする。（5分）

　T：Are you ready to stop reading?

　C：Yes.

　T：O.K. Let's check the answers.

　　　No.1. タケシ君の思い出は？

　　　What's the answer? No.1 ...? 運動会　Sports Day?（児童は手をあげる）

　　　No.2 ...? 修学旅行？ School Trip?

　　（このように，答えを確認していく）

〈ワークシートの答え〉 Q1②　Q2②　Q3①　Q4②

❸ 例を参考に簡単な語句や基本的な表現を用いて6年間の思い出を書く。（30分）

　T：It's time to write about your best memory.

　C：え？

　T：わからない人は，友達，先生に遠慮なく聞いてくださいね。

》 指導のポイント

　児童は，意外と受け身は嫌うものです。ただ人の話を聞いたり，読んだりしていただけでは，満足せず，「自分ならどう書くかな？」「表現してみたい」そして，今度は，書いたものを「友達は何を書いたかな？」と授業は発展していきます。次の時間には，書いたものをみんなで読みあい，みんなからのメッセージが集まるといいです。

126

タケシ君の小学校６年間の思い出は何かな？

Class ▶　　　Number ▶　　　Name ▶

★ タケシ君は，小学校６年間を思い出し，英語で思いを伝えようとしました。
それを読んで，質問に答えてみよう。

> Hello. Did you enjoy your school life?
> What's your best memory?
> My best memory is the School Trip.
> We went to Kamakura and Hakone.
> I saw a big Daibutsu in Kamakura.
> I enjoyed *shirasu-don*.
> At night, we played card games.
> It was fun.
> I won't forget my best memory.

Q1　タケシ君の一番の思い出は何ですか。
　　①運動会　　　②修学旅行　　　③水泳大会

Q2　どんな体験をしましたか。
　　①優勝した。　②大仏を見た。　③１位になった。

Q3　何を食べましたか。
　　①しらすどん　②親子どん　　　③焼き肉どん

Q4　夜は何をしましたか。
　　①花火　　　　②トランプ　　　③きも試し

何問正解したかな？　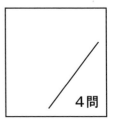　４問

小学校6年間の思い出を英語で書いてみよう

Class ▸   Number ▸   Name ▸

⭐ タケシ君の例やヒントワーズを参考にしながら，あなたの小学校の思い出を書こう。

Hello. I'm _____.

My best memory in this school is _____

_____

_____

_____

Thank you.

❗ ヒントワーズ

- □修学旅行 School Trip
- □運動会 Sports Day
- □合唱祭 Chorus Contest
- □林間学校 Camp School
- □クラブ Club Activities
- □給食 School Lunch
- □水泳大会 Swimming Competition
- □陸上大会 Track and Field Competition
- □授業 〜 lesson
- □遠足 School Excursion

- □〜に行った。I went to .... *わたしたち＝We
- □〜を見た。I saw ....
- □〜を食べた。I ate ....
- □〜を楽しんだ。I enjoyed ....
- □〜をして遊んだ。I played ....
- □楽しかった。It was fun. / I had a good time.
- □おいしかった。It was delicious.
- □わくわくした。It was exciting.
- □1位をとった。I won the first place.
- □がんばった。I did my best.
- □一生けん命練習した。We practiced it very hard.

■▶Chapter 5 英語力を身につける言語活動アイデア・6年編

11 サイコロで占う！私の中学時代
読むこと／書くこと

ねらい	楽しみながら，英文を読もうとする。
表現例	I go to bed at ～. / I get up at ～. / I drink ～. 他
語彙例	go to bed, get up, drink, study, go to school by ～ 他
準備物	サイコロ（班で1つ），2枚のワークシート（人数分）

時間
15min

　ちょっと遊び心をもって，英作文に挑戦です。サイコロを6回振ります。出た目のところを1〜6までそれぞれ1つずつ，○をしていきます。その後，2枚目のワークシートを配り，○をした語（語句）を書き写すと完成です。まずは，教師が楽しみながら，占いましょう。

≫ 指導の流れ

❶ ワークシートを配り，1人1回ずつサイコロを振っていく。（7分）

　T：Make a group of four. Group leader, come to the front.
　　（サイコロを1つ。ワークシートを人数分渡す）

　T：Roll the dice and make a big circle around the picture. For example, …. （と言って，1回見本を見せる）

　T：I'll give you 5 minutes. Let's start.

❷ ワークシート2枚目を配付し，語句を書き入れる。（5分）

　T：Now, it's time to see your future. さあ，みんなの中学生活が見えてくるよ。
　　Fill in the blanks. 先ほど○をした語を，書き入れてみましょう。
　　どんな英文ができるかな？

　C1：え？　なんだこれ？

　C2：起きるのが2時？？？

❸ 出来上がった英文を読み合う。（3分）

　T：Let's change your worksheet in your group and read them.
　　Write a message on the sheet.
　　班で順番に読み合って，何か励ましのメッセージを書きましょう。

≫ 指導のポイント

　小学生ですので，英文を読むというところまでは求めません。でも，英文を少しは読んで理解したり，また読んでみようかな…という気持ちにはさせたいと思います。そのためには，楽しくなくてはいけません。今回は，サイコロで運命をさぐり，どんな英文ができるか楽しみでもあるでしょう。いよいよ次の時間は，本当のことを書いていきます。

サイコロでうらなう「私の中学生活？」

Class ▸　　　　Number ▸　　　　Name ▸

	●	●●	●●●	●●●●	●●●●●	●●●●●●
①	10:00	8:30	2:00	9:00	12:00	11:00
②	5:00	4:00	7:00	2:30	8:15	3:00
③	water	milk	juice	tea	coffee	soda
④	Japanese	math	social studies	science	English	music
⑤	bus	taxi	train	bike	plane	ship
⑥	watch stars	cook	read books	sleep	talk	smile

私の中学時代は…こんな感じ？

Class ▸   **Number** ▸   **Name** ▸

My School Life at Junior high School

I go to bed at _____ and get up at _____ .
① ②

I drink _____ every morning.
③

I will study _____ very hard.
④

I walk to school, but sometimes I go to school

by _____ .
⑤

In my free time, I want to _____ .
⑥

心温まるクラスメートからのメッセージ

■▶Chapter 5　英語力を身につける言語活動アイデア・6年編

12 これが私の本当の気持ち
書くこと

ねらい	例を参考に中学校でやりたいことを簡単な英文で書く。
表現例	I want to join the ～ club. / I will study ～ hard.　他
語彙例	practice, join, make friends, win games　他
準備物	ワークシート（人数分）

時間 25min

英語を教えると同時に，中学に入ってからの目標や夢を確認する場にしましょう。

≫ 指導の流れ

❶ ワークシートを配り，タケシ君の夢を読みあう。（5分）

T：Let's read Takeshi's dream for the junior high school. I'll read, so listen to it.（と言って，タケシ君の夢を読む）

T：What club does Takeshi want to join?　（C：Soccer.）

T：Yes. What subjects will he study very hard?　（C：English, math and science.）

❷ 自分の夢を例を参考に書く。（20分）

○必要に応じ，下記のようなワードバンクを児童に渡す。

[～クラブに入る　join the ～ club]	[～したい　I want to ...]
□サッカー（soccer）	□練習する（practice）
□テニス（tennis）	□プレーする（play ～）
□野球（baseball）	□試合に勝つ（win games）
□バレーボール（volleyball）	□演奏する（play the ～）
□ソフトボール（softball）	□いい選手になる（be a good player）
□バスケットボール（basketball）	□友達を作る（make friends）
□卓球（table tennis）	□勉強する（study）
□パソコン（computer）	□本を読む（read books）
□音楽（music）	□映画を見る（watch movies）
□芸術（art）	□話をする（talk）
□科学（science）	□いろいろな所に行く（visit many places）
□柔道（judo）	□1位になる（win the first place）
□剣道（kendo）	□親切になる（be kind）

中学に入ったら…

Class ▶   Number ▶   Name ▶

 1 タケシ君の中学での夢を読んでみよう。

> Hello. I'm Takeshi.
> At junior high school, I want to join the <u>soccer</u> club.
> I will <u>practice</u> it very hard.
> I want to <u>win games</u>.
> I want to be <u>a pilot</u> in the future.
> So I will study <u>English, science and math</u> very hard.
> Thank you.

2 タケシ君の夢を参考に，みんなの中学での夢を書いてみよう。

おわりに

　みなさんへのメッセージとして，3つお話しします。

　1つは，「授業で一番大切なことは何でしょうか」ということです。「学習内容」でしょうか。それとも「子ども」でしょうか。もちろん目の前にいる「子ども」ですよね。ここを忘れてはいけないと思います。私たちには，当然教えなくてはいけない「学習内容」があります。が，理想を追い求め，肝心の学習者（＝子ども）が，ぽか〜〜んと口を開けて，理解していなかったら，本末転倒（put the cart before the horse ＝ 荷馬車は，馬の後ろに置かなくてはいけないのに，馬の前に置いているようなもの）です。子どもたちの様子を見て，学習内容が難しそうであれば，簡単にしてあげなくてはいけません。それが授業者の「腕の見せ所」です。子どもたちが笑顔で授業を受けている姿が，一番です。現実を見て，時に修正していくことを忘れないようにしましょう。

　2つ目は，「英語授業は点ではなく，線で指導する」ということです。英語は技能ですので，その日ですぐに身につくことはありません。時間をかけて，少しずつ英語が使えるようになるという面があります。だから，身につけたい技能を「帯学習」として，毎時間授業の最初に行うことも単元計画の中で必要となってくるでしょう。ただ，同じ技能を扱っていても，ほんの少しの「変化」を持たせないと，子どもは「また〜〜?」となってしまいます。マンネリ化は，意欲の減退とクラス内の悪い方向への波及へとなってしまいます。常に「変化」と「進化」を心がけましょう。

　3つ目は，「英語授業はネタ勝負」ということです。子どもたちが身を乗り出して授業に取り組むような「活動ネタ」は，今までの外国語活動でたくさん実践されていることと思います。多くの著書や英語セミナーに参加し，面白ネタをゲットしてください。いいなあと思ったものは，すぐに授業でやってみるといいです。やってみると忘れません。しかし，せっかくいいなあと思っても，やらないでいると，良いアイデアを忘れてしまいます。私は昔から，Do-See-Plan と言って（Plan-Do-See ではありません），まず，やってみました。その後，反省し，次の授業に生かすようにしました。良いものは，いきなりやってみるのです。できれば授業記録として残しておくと，より記憶に残ります。

　さて，小学校英語の本を書くのはこれで2冊目になります。1冊目は，学陽書房から『小学校外国語活動サポートブック』というのを出しました。小学校外国語活動におけるごくごく基本的な指導技術を網羅しています。ちょっとは参考になるかと思います。ぜひ，お近くの方にもご紹介ください。本書は，明治図書の木山麻衣子さんの企画で誕生しました。多くの先生方の参考になると幸いに思います。最後になりましたが，日々執筆時間を確保してくれている妻と2人の娘に感謝の気持ちを込めて，ありがとうの言葉を残したいと思います。

平成29年10月

瀧沢広人

【著者紹介】

瀧沢　広人 (たきざわ　ひろと)

　1966年東京都東大和市に生まれる。埼玉大学教育学部卒業後，埼玉県公立中学校，ベトナム日本人学校などに勤務。中学３年生の夏に外国人と話をした経験から英語が大好きになり，将来は英語の先生になりたいと思うようになった。教師となってからは，１人でも多くの生徒が，英語を楽しいと感じてもらえるよう，著書やセミナーで学ぶ。また自らも楽しいアイデアなどを発信するようになる。ここ数年は，授業ですぐに使えるような教材を開発したり，アイデア集を提供したりしている。

　主な著書は，『授業をグーンと楽しくする英語教材シリーズ37　授業を100倍面白くする！中学校英文法パズル＆クイズ』，『同29　Can Do で英語力がめきめきアップ！　中学生のためのすらすら英文法』，『同28　入試力をパワーアップする！　中学生のための英語基本単語検定ワーク』，『同27　文法別で入試力をぐんぐん鍛える！　中学生のための英作文ワーク』，『同25　１日５分で英会話の語彙力アップ！中学生のためのすらすら英単語2000』，『同24　５分間トレーニングで英語力がぐんぐんアップ！　中学生のためのすらすら英会話100』，『同21　授業を100倍楽しくする！　英語学習パズル＆クイズ』，『目指せ！英語授業の達人36　絶対成功するアクティブ・ラーニングの英文法ワークアイデアブック』，『同34　絶対成功する！アクティブ・ラーニングの授業づくりアイデアブック』，『同30　絶対成功する！英文法指導アイデアブック中学１年』，『同31　絶対成功する！英文法指導アイデアブック中学２年』，『同32　絶対成功する！英文法指導アイデアブック中学３年』，『同22　教科書を200％活用する！　英語内容理解活動＆解読テスト55』，『同21　英語授業のユニバーサルデザイン　つまずきを支援する指導＆教材アイデア50』（いずれも明治図書），他多数。

〔本文イラスト〕木村美穂

小学校英語サポートBOOKS

絶対成功する！外国語活動・外国語５領域の言語
活動＆ワークアイデアブック

| 2017年12月初版第１刷刊 | ©著　者 | 瀧　沢　広　人 |
| 2019年７月初版第４刷刊 | 発行者 | 藤　原　光　政 |

発行所　明治図書出版株式会社
http://www.meijitosho.co.jp
（企画）木山麻衣子(校正)有海有理・吉田　茜
〒114-0023　　東京都北区滝野川7-46-1
振替00160-5-151318　電話03(5907)6702
ご注文窓口　電話03(5907)6668

＊検印省略　　　　　　　　組版所 株式会社ライラック

本書の無断コピーは，著作権・出版権にふれます。ご注意ください。
教材部分は学校の授業過程での使用に限り，複製することができます。

Printed in Japan　　　　　　ISBN978-4-18-218726-1
もれなくクーポンがもらえる！読者アンケートはこちらから →

小学校 新学習指導要領の展開 外国語編／外国語活動編

平成29年版

大改訂された学習指導要領本文の徹底解説と豊富な授業例

改訂に携わった著者等による新学習指導要領の各項目に対応した厚く、深い解説と、新学習指導要領の趣旨に沿った豊富な授業プラン・授業改善例を収録。圧倒的なボリュームで、校内研修から研究授業まで、この1冊で完全サポート。学習指導要領本文を巻末に収録。

小学校　外国語編【図書番号3287】
吉田研作 編著

小学校　外国語活動編【図書番号3288】
吉田研作 編著

A5判　160ページ　本体1,800円＋税

明治図書　携帯・スマートフォンからは**明治図書ONLINE**へ　書籍の検索、注文ができます。▶▶▶

http://www.meijitosho.co.jp　＊併記4桁の図書番号（英数字）でHP、携帯での検索・注文が簡単に行えます。

〒114-0023　東京都北区滝野川7-46-1　ご注文窓口　TEL 03-5907-6668　FAX 050-3156-2790